사회복지행정조직론

문 영 규 저

청목출판사

머리말

조직이 기대하는 성과를 달성하기 위해서는 분명한 목적과 목표를 지녀야 한다. 사회복지행정조직 역시 동일하다. 사회복지행정조직은 개인문제나 사회문제를 정부문제로 인식하고 정책을 통해 마련된 사회복지프로그램을 사회복지서비스로 전환하여 클라이언트에게 효과적으로 전달하기 위한 목적과 목표를 지니고 있다. 그러나 최근 복지수요는 폭발적으로 증가하고 있지만, 수요에 부응하는 공급체계를 갖추는 것이 현실적으로 어려운 상황이기 때문에 사회복지행정조직의 목표달성은 쉽지 않다. 따라서 어떻게 조직을 구성하고 운영하면 효율적으로 목표달성을 할 수 있을까에 대한 연구는 사회복지행정조직을 연구하는 학자들에게는 중요한 관심사 중 하나이다.

강의 도중 학생들로부터 일반조직의 운영기준과 원칙을 사회복지행정조직에 동일하게 적용해도 되는가?라는 질문을 종종 받곤 한다. 사회복지서비스는 공공재적 특성이 강하기 때문에 사회복지행정조직은 공공조직의 운영방식과 불가분의 관계를 지니고 있지만 기업조직이나 일반조직과는 구별되는 영역을 지니고 있다고 판단된다. 사회복지행정조직은 인간을 다루고 인간을 변화시키는 휴먼서비스를 제공하는 조직이기 때문에 일반조직과는 구별되어져야 하며 사회복지행정조직만의 차별화된 조직관리가 필요하다.

따라서 본서는 사회복지행정조직이 해야 할 일들을 사회복지서비스 공급자 관점에서 정리하였다. 특히 사회복지행정조직이 추구하는 목표나 기술, 환경, 운영원칙 등의 요소들이 일반조직과 구별되는 차이점은 무엇이며 어떻게 관리해야 하는가에 대하여 중점적으로 검토하였다.

본서는 6편으로 구성하였다.

1편에서는 사회복지행정조직을 이해하는 데 필요한 이론적 내용을 정리하였으며, 일반조직의 경우와 비교했다.

2편에서는 사회복지행정의 영역을 검토해서 사회복지행정조직과 일반 조직이 지닌 이념 및 가치, 영역에서의 차이점을 정리하였다.

3편에서는 조직구조를 이해하고 조직 운영원칙과 구조형태를 분석하여 사회복지행정조직이 지녀야 할 조직구조와 운영원칙을 검토하였다.

4편에서는 조직구성원에게 동기부여하는 방식을 살펴보았으며, 특히 사회복지행정조직의 구성원이 지녀야 할 인간관과 관리전략 등을 정리하였다.

5편에서는 사회복지서비스 특성을 고려해서 다원적 관리를 하기 위한 조직의 운영 요소 중 리더십, 갈등관리, 의사소통, 의사결정 등을 선정하여 정리하였다.

6편에서는 조직과 환경과의 관계를 변화관리 관점에서 정리하였으며, 특히 사회복지행정조직과 환경과의 적합성을 확보하기 위해 어떤 변화과제들을 수행해야 하는가에 대하여 정리하였다.

아울러 본서는 사회복지학이나 행정학을 공부하는 학생들을 대상으로 집필하였으며, 사회복지행정조직에 대하여 궁금증을 지닐 때 호기심을 쉽게 해결할 수 있도록 내용과 수준을 고려해서 정리하였다. 특히 대학교재가 지닌 엄청난 양의 읽을거리와 세밀한 이론 소개에서 오는 부담감을 가능한 탈피하고 재미있게 조직을 이해해 보자는 마음에서 교재분량과 범위에도 관심을 두었다.

조직도 사람만큼이나 아름답고 가치 있는 존재이다. 우리들이 몸담기를 희망하는 조직들은 아름다워지기 위해 개인노력만큼이나 스스로를 관리한다. 조직과 사람은 다르지 않다고 생각한다. 사회복지를 구현하는 행정조직에서도 예외는 아니다. 클라이언트와 조직, 사회복지서비스를 제공하는 구성원 모두가 자랑스럽게 여기는 아름다운 조직을 만들려면 인간미가 담겨 있으면서도 기대하는 성과를 창출하고 의도한 목표를 달성할 수 있는 실행역량을 갖추어야 한다. "아름다운 사회복지행정조직 만들기", 사회복지행정조직을 연구하는 모든 사람들의 의무라고 생각하며 이 책을 통해 아름다운 조직을 만드는데 조금이나마 도움이 되기를 기대한다.

끝으로 본서를 출판하는 데 도움을 주신 청목출판사 유성렬 사장님과 최명성 부장님, 그리고 여러 관계자 분들께 감사 말씀 드린다. 아울러 그동안 여러 가지로 도움을 주신 여러 지인들과 사랑하는 가족과도 출판의 기쁨을 같이 하고자 한다.

2009년 8월

문 영 규 씀

차 례

제3편 사회복지조직의 구조

제4편 사회복지조직 내 인간과 행동

제6편 사회복지조직의 환경과 변화

제 1 편

사회복지조직의 이해

토플러(Toffler)는 조직사회의 출현을 강조했으며, 프레스터스(Presthus)는 현대사회는 조직사회(organization society)라고 표현했는데, 무슨 이유 때문에 사람들은 생활 속에서 조직화(organizing)하려는 것일까?

사람들은 자신이 지닌 목적을 달성하는데 혼자의 노력보다는 상호간에 도움을 주고 협력하며 지원했을 때 보다 큰 성과나 만족을 얻을 수 있음을 경험적으로 인식했기 때문에 조직의 필요성과 조직화에 관심을 가지는 것이다. 그러나 조직을 만들고 조직에서 활동한다고 해서 항상 성과가 보장되는 것은 아니지만 조직은 개인에게 경제적 효율을 제공할 수 있는 좋은 수단이다.

따라서 본 편에서는 조직의 본질과 조직화의 필요성을 알아보고, 조직은 어떤 유형을 지니고 있으며, 조직이론의 역사는 어떻게 진행되어 왔는지를 살펴보자.

제 1 장

조직의 이해

제1절 조직의 의의

1. 조직의 정의

조직(organization)은 추구하는 목적 달성을 위하여 인적·물적 자원을 투입하여 다양한 방식으로 재화와 서비스를 산출하며 이를 외부 환경에 제공하여 목적달성을 함으로써 스스로 자생하는 특성을 지닌다. 이 과정에서 조직은 기존 사회적 형태와는 다르게 공통적으로 구체적으로 무엇인가를 지향하는 목적과 그 목적 달성을 위한 나름대로의 원칙을 지닌다.

조직이 지닌 활동이나 현상의 특성을 통해 조직을 정의해 보자.

첫째, 조직을 공동 목표를 달성하기 위한 집합체나 사회적 단위로 해석하는 경우로서, 조직이란 "일정한 목표를 달성하기 위해 형성된 분업과 통합의 활동체계를 갖춘 사회적 단위" 또는 "인간의 집합체로서 일정한 목표를 달성하기 위하여 의식적으로 구성한 사회적 체계"라고 정의한다. Weber는 "특정한 목적을 가지고 그 목적달성을 위해 구성원 간에 상호작용 하는 인간들의 협동집단"이라고 정의했으며, Etzioni는 "특정한 목표를 추구하기 위하여 의도적으로 구성되고 다시 재구성하는 사회적 단위"를 조직으로 정의하고 있다.

둘째, 조직을 생명력을 지닌 생명체(organic)로 인식하고 스스로 생존하고 유지시키려는 속성을 지닌 것으로 이해하는 경우로서 환경과의 상호작용을 통해 발전과 진화를 이행하는 집합 단위로 이해하는 경우이다. 외부환경과 교류하기 위해 개방체계로서의 사회시스템을 구성하고 있으며, "정태적"요소와 "동태적"요소 들을 적절히 운영하여 시스템의 균형을 유지하는 체제로 구성되어 있다.

셋째, 조직이란 "두 사람 또는 그 이상의 사람들이 의식적으로 조율된 행동이나 힘의 체계"이며(Barnard, 1968), 하나의 전체적인 시스템 속에서의 직능체계이다. 이는 조직이란 목적달성을 위해 "직위"에 의하여 뒷받침되고 있는 의식적으로 조정된 인간의 활동으로 구성된 체계임을 인식하는 것이다.

정리해 보면 조직이란 "목표나 과업을 달성하기 위해 집합적이고 공동적인 노력을 필요로 하는 경우 여러 사람들의 활동을 조화시키고 조정하며 공동의 목표에 기여하도록 유인하는 체계"로 정의할 수 있다. Hicks는 조직을 "복수의 사람들이 목표를 향하여 상호작용을 행하는 특정의 구조를 지닌 과정"이라고 정의하면서, 조직이란 복수의 개인들로 구성되어 있으며, 구성원 상호간의 상호작용이 이루어지고, 상호작용의 과정 속에 일정한 절차와 구조를 지니고 있으며, 구성원 개인의 목표와 조직의 목표 달성을 위해 노력하고, 이들 목표가 양립되는 것을 중요하게 인식하고 있다(Hicks, 1972:22-24).

2. 조직의 구성요소

상술한 조직의 정의를 바탕으로 조직의 구성요소를 정리하면 5가지로 정리된다.

첫째, 구성원이 지향하는 공동의 목표를 지닌다. 흔히 조직목표라는 용어로 사용되는데, 조직이 존재하는 의미를 제공하는 기반이 된다. 조직이 추구하고자 하는 목표를 구성하고 이를 달성하기 위해 수단적 도구들을 사용하도록 하는 정당성의 기초가 되는 것이 목표이다. 이들 목표는 의도적으로 만들어지며, 이 때문에 비공식적 조직(informal organization)과 구별되는 기준이 된다.

둘째, 분업과 통합을 통해 합리적인 업무구조체계를 지니고 있다. 조직은 업무를 기능별・활동별・부서별로 구분하고, 개인들에게는 이들 업무를 수행하도록 업무를 할당하며, 이 과정에서 목표달성을 위해 업무를 분업과 통합의 합리적인 운영원칙에 따라 체계를 구성하여 구성원들이 효율적으로 목표달성을 하도록 유도한다. 조직은 구조(structure)와 과정(process)을 포함하고 있으며, 전자는 조직도와 업무분장을, 후자는 조직 편성과 운영 및 관리를 포함하고 있다.

셋째, 사회적 단위로서의 집단적 성격을 지니고 있다. 조직은 복수의 사람들이 모여 구성된 사회적 집합체로서 목표달성을 위해 상호작용을 통해 조직의 역량을 집결하는 집단적 성격이 강하다. 특히 조직이 추구하는 이념이나 목적에 따라 의도적으로 구성되기 때문에 개인 특성보다는 집단이 지닌 특성이 강하게 반영된다.

넷째, 환경과 상호작용하며 적응한다. 조직은 외부환경요인들과 상호작용을 통해 대응하는 존재이기 때문에 항상 환경 속에서 존재한다. 이에 따라 환경과 구별되는 조직의 경계(boundary)가 설정되어 있으며, 경계를 중심으로 조직과 환경은 상호간에 영향을 미친다.

다섯째, 조직은 일정기간 존속한다. 조직은 일시적인 목적을 달성하기 위해 구성되는 것이 아니라 일정시간을 통해 의도적으로 형성된 목표를 달성하는 속성을 지니고 있다. 일시적인 목적을 위해 모이는 군중이나 비공식적인 모임, 또는 개인적 목적에 의해 모여진 임시조직 등은 조직적 구성요소를 지니고 있는 것이 아니다. 따라서 조직이란 일정시간 영속성을 지녀야 한다(민진, 2004:42).

제2절 조직화의 필요성

조직화란 조직을 만드는 과정이다(지은구, 2007:19). Skidmore(1995)는 〈조직화〉란 "조직이 필요로 하는 요인들을 배치하거나 배열하여 조직을 구조화하고 기능화 하는 과정"이라고 정의했다. 이는 조직기관들이 목적달성을 위해 구조와 기능 및 자원을 현실에 맞게 효과적으로 배열하는 것이라고 할 수 있다. 일반조직과 사회복지조직을 구분하여 살펴보자.

1. 일반조직의 경우

조직기관들이 조직화를 하는 동기(motive)는 여러 가지가 있지만, 무엇보다도 사람이 어떤 목표를 달성하기 위해 조직을 만들고 조직 속에서 활동하는 방법이 다른 어떤 방법보다도 효과적이기 때문이다. 즉 스스로 모든 것을 해결하는 것이 실제 효과적일 것 같지만, 조직을 만들고 그 속에서 활동하는 것이 효과적이고 능률적인 것이라는 것을 알기 때문이다. 조직이 목적과 목표를 설정하고 조직 산출물을 최종소비자에게 전달하는 과정까지는 필연적으로 복잡한 전달체계를 지니게 되기 때문에 이를 해결하기 위해서는 조직화가 필요한 것이다.

특히 현대사회를 둘러싼 환경조건이 조직화의 직접적 동기요인이 되기도 한다. 조직이 자신의 활동을 조직화하는 이유는 조직을 둘러싼 환경, 즉 고객이나 경쟁자의 동향과 전략, 정부의 정책이나 사회적 흐름 등이 조직이 추구하는 목표나 전략에 영향을 미치고 상대적으로 조직은 외부환경을 무시하거나 회피할 상황이 아니기 때문에, 환경과 우호적인 관계를 유지하기 위한 차원에서 조직화의 필연성은 존재하는 것이다. 최근의 외부환경 특성이 질서와 무질서의 반복이 연속적으로 진행되고 불확실성이 높아지는 상황임을 고려해 볼 때 주어진 상황을 보다 확실하게 계획하고 통제하기 위해서는, 개인의 힘보다는 조직의 힘을 통해 운영하는 것이 목표달성과 성과 확보에 도움을 준다고 판단하기 때문이다.

그렇다면, 조직화가 성공적으로 이루어진 조직은 어떤 효과를 얻게 될까?(박경원 외, 2002:26)

첫째, 업무의 흐름이 명확해진다

둘째, 개인별 직무에 대한 지침을 제공해 준다.

셋째, 업무수행에 요구되는 행동체계가 마련되어 업무활동의 계획과 통제가 용이해진다

넷째, 의사소통과 의사결정을 위한 경로가 설정된다.

다섯째, 직무의 중복을 방지하고 과업에 관련된 갈등을 막을 수 있다

여섯째, 구성원의 활동을 조직목표에 연결시킴으로써 직무수행 성과를 증대시킨다.

2. 사회복지조직의 경우

사회복지조직의 경우를 고려해 보자. 사회복지서비스를 클라이언트에게 제공하는데 조직이 필요한 것인가? 지은구(2007:21)는 "개인적으로 사회복지서비스를 전담하는 것보다 조직을 통해 사회복지서비스를 전달하는 것이 효과적"이라고 지적하면서 사회복지조직화의 필요성을 여섯 가지로 제시하고 있다.

첫째, 사회복지 주체들은 분업이 필요했기 때문이다. 사회복지 주체인 클라이언트, 사회복지사, 그리고 후원자들이 사회복지서비스를

전달하고 받는 과정에서 상호간의 역할에 따라 효과적이고 효율적으로 공조하며 분업을 하게 되면 사회복지서비스 전달을 통해 기대하는 성과를 달성할 수 있다.

둘째, 역사적으로 볼 때 산업사회로 이전하면서 사회문제가 발생되고 이에 따라 사회복지에 대한 필요성이 증가되어 자선사업이나 구호활동을 통해 이를 해결하고자 시도하였으며, 이 과정에서 개인적 차원의 활동보다는 조직적 차원에서 통제와 대응을 통해 진행한 결과 효과적으로 사회문제 해결에 도움을 주었다.

셋째, 사회복지서비스 제공을 경제적 관점에서 해석할 경우 조직화를 하게 되면 거래비용절감이 기대되기 때문이다. 이는 후원자 집단과 사회복지조직, 그리고 클라이언트 간의 관계에서 상호간에 조직이라는 매개체를 사용하게 된다면 궁극적으로 집단이 기대하는 목표를 달성하면서도 시간과 자금을 절약하게 되어 거래비용이 절감되는 효과를 얻게 된다.

넷째, 정치적인 효과를 얻는데 조직화가 도움이 된다는 점이다. 조직화의 배경들은 주로 사회복지조직을 구성하는 활동에 대하여 무관심이나 반대에 직면하게 되는 경우나 또는 지원을 위해 협조를 필요로 하는 힘을 요구받을 경우에 나타나게 되는 것이다. 따라서 이와 같은 요구들을 해결할 수 있는 여건이나 분위기 조성을 위해서는 정치적 요소를 고려하는 것이 필요하기 때문이며 조직화를 통해 정치화하는 것이 용의하다.

다섯째, 직무와 관련된 경우 기술을 확보하는데 도움을 준다. 조직목적을 달성하고 역할을 수행하는데 관련기술이나 정보가 필요로 하는데 조직화를 통하면 보다 효과적으로 이를 지원받거나 또는 공유하기가 수월하다.

여섯째, 집단의 정보 불균형을 극복하는 수단이 되기 때문이다. 집단들이 지닌 자신들의 목적달성을 해결하는데 필요한 정보를 필수적으로 확보해야 하지만 현실적으로 이를 완전하게 확보하는 경우가 힘들다. 예를 들어 후원집단의 경우 클라이언트가 어디에 있는지 어떤 방식으로 지원해야 하는지에 대하여 충분한 정보를 지니지 못하고 있다면 후원조직의 목적을 달성하기가 힘들다. 이때 사회복지조직의 지원을 얻을 수 있다면 효과적으로 집단의 목적 달성이 가능하다. 각 집단이 지닌 목적을 수행하는데 정보가 필요하지만 그 정보가 모든 조직에서 필요로 하는 것이 아니기 때문에 상호간의 조직화를 통해서 정보를 공유하는 경우 효과적으로 문제를 해결할 수 있다.

보다 효과적으로 사회복지조직이 설정한 목표를 달성하기 위해서는 공식적이며 체계화된 운영체계와 이를 실천할 능력이 필요하다. 즉 사회복지조직이 추구하는 가치 있는 목표를 가지고 있고 목표달성을 통해 복지조직의 존재를 인식시키려고 하더라도 결국은 가치실현을 할 수 있는 수단이나 실천방안이 필요한 것이며 이 과정에서 조직 활동을 기획, 실행, 평가, 수정할 수 있는 관리활동이 필요하며 이는 조직화를 통해서만 해결이 가능하다.

제 2 장

조직의 유형

제 1 절 조직유형의 의의

사람을 이해하는 과정에서 개개인의 특징과 개성을 알아보는 것이 사람이해에 도움을 주듯이, 조직도 그 나름대로의 특성을 이해하면 조직이해에 도움을 준다. 조직을 이해하는 대표적 접근법이 조직유형연구이다. 〈조직유형〉(classification)이란 조직의 활동과 연계된 현상을 이해하고 설명하며 예측하는데 필요한 기준점이 되며, 조직이 지닌 속성이나 특성에 따라 유사점과 차이점을 비교함으로써 조직이 처한 문제해결의 기반을 만들어주기도 한다.

조직유형연구는 여러 학자들에 의해 나름대로 기준에 의해 분류했는데 Hall은 영리조직과 비영리조직을, Blau& Scott는 수혜자를 중심으로 호혜적 조직, 기업조직, 서비스조직, 공익조직으로 구분하였고, Katz & Kahn은 조직의 기본적 기능에 따라 생산적 조직, 유지적 조직, 적응적 조직, 관리와 정치적 조직으로 분류하였고, Mintzberg는 구조화를 기준으로 하여 단순, 기계적, 전문적, 복합적, 애드호크러시(adhocracy)로 구분하였다. 사회복지조직유형을 분류한

Hasenfeld는 인간분류조직, 인간유지조직, 인간변화기술 조직으로 분류하였다.

제 2 절 조직유형 내용

1. Etzioni의 조직유형

Etzioni는 〈조직 기준으로〉 복종(compliance)을 기준으로 조직의 개인에 대한 권력(power)과 개인의 조직에 대한 몰입(involvement)을 변수로 채택하여 조직을 분류하였다. 이때 복종을 기준으로 고려한 이유는 복종이란 모든 조직에 보편적으로 존재하는 것이며 조직구조의 기본적 요소임을 고려한 것이다. Etzioni는 복종관계를 중심으로 상급자가 사용하는 권력과 하급자의 몰입을 통해 상호관계를 중심으로 조직유형을 제시하였다.

우선, 권력이란 어떤 사람이 자기의 지시를 다른 사람이 따르게 할 수 있는 능력을 의미하는데, Etzioni는 강압적 권력, 공리적 권력, 규범적 권력으로 구분하였다. 강압적 권력(coercive power)이란 본능적 욕구를 제한하는 것을 목적으로 영향력을 행사하는 권력을 의미하며, 공리적 권력(remunerative power)이란 물질적 보상을 기초로 영향력을 행사하는 권력이고, 규범적 권력(normative power)이란 위신, 존경, 권위 등의 규범적 수단을 기초로 영향력을 행사하는 권력을 의미한다. 조직에서는 이들 권력들이 동시에 공존하지만 목적에 따라 각기 다르게 작용되며, 한 부분이 강조되면 상대적으로 다른 권력이 약화되는 상대적 비율을 지닌다.

한편, 조직구성원이 조직목표에 대하여 긍정적이고 적극적으로 일체감을 지니며 달성하려는 의지나 태도를 몰입이라고 한다. Etzioni

는 세 가지로 몰입을 구분하였다. 우선 소외적 몰입(alienative involvement)이다. 이는 조직구성원들이 조직목표에 상당히 부정적 태도를 보이면서 대응하는 경우이고, 계산적 몰입(calculative involvement)은 조직목표에 중립적 태도를 보이면서 대응하는 방식이며, 마지막으로 도덕적 몰입(normative involvement)으로서 조직목표에 적극적인 태도와 의지를 지니고 대응하는 경우이다.

Etzioni는 권력과 몰입을 상호 연계시키면 양자가 매우 복합적으로 부합되는 조직특성이 나타난다고 보고 있다. 이를 기초로 현실에서 가장 잘 나타나는 조직유형을 세 가지로 정리할 수 있다.

첫째, 강압적 조직이다. 강압적 권력과 소외적 몰입이 결합된 경우로서, 강제수용소, 교도소, 정신병원 등이 해당되며, 이들 조직은 조직구성원이 고도의 억압이나 구속을 느끼고 본인의 의지 관계없이 형성되며 통제 받는 조직의 특성을 띠는 조직이다.

둘째, 공리적 조직이다. 공리적 권력과 계산적 몰입이 결합된 경우로서, 사기업이나 이익집단이 이에 해당되며, 이들 조직 구성원은 자신의 판단과 의지에 따라 이익이 되거나 도움이 될 때 행동하며 철저한 보상에 기초한 행동을 하는 조직특성이 있다.

셋째, 도덕적 조직이다. 규범적 권력과 도덕적 몰입이 결합된 경우로서, 조직구성원이 조직에 헌신적이고 사명감을 지니며 스스로의 통제와 헌신을 통해 조직에 기여하고자 하는 행동을 보이는 조직특성이 있고, 정치조직, 종교조직, 대학조직 등이 이에 해당된다.

이들 사항들을 〈표 1-1〉로 정리한다.

〈표 1-1〉 Etzioni의 조직유형분류

구분		몰입의 종류		
		소외적	타산적	도덕적
권력종류	강압적	강압적 복종	2	3
	공리적	4	공리적 복종	6
	규범적	7	8	규범적 복종

출처: Etzioni(1980:92).

2. 공조직과 사조직

Wilson이 "행정연구"에서 행정의 패러다임을 기업경영적 접근법과 동일하게 갖는 것이 효과적이라고 제창한 이후 공조직과 사조직의 패러다임은 공존과 분리를 통해 스스로의 조직목표 달성을 위한 이론적 기반으로 사용되어졌다. 공사행정이원론을 시작으로 현재는 공공관리론(new public administration)에 이르기까지 조직이 지향하는 특성에 따라 패러다임은 다양하게 적용되고 있는데, 최근 공공부분의 경우 행정개혁의 일환으로 나타나는 기업형 정부(entrepreneur government)의 경우 경영적 접근법을 수용하는 특징을 보이기도 한다.

공조직과 사조직을 환경요인, 조직과 환경요인, 내부구조와 과정 등 세 가지 측면에서 구별한다(김병섭외, 2009:36-42).

1) 환경적 요인

첫째, 시장에서의 자원의존정도이다. 공조직은 필요자원을 정부의 예산배정에 의해 확보하지만, 사조직의 경우에는 경쟁적 시장에서 필요한 자원을 획득해야 한다. 따라서 공조직은 시장에 노출되는 정도가 낮고 그에 따라 시장에서의 자원의존 정도가 낮지만, 사조직은 시장에서 자원을 획득해야 조직생존과 발전이 가능하기 때문에 시장에 대한 의존정도가 높다.

둘째, 법률적·공식적 제약 정도이다. 공조직은 조직 활동을 할 경우 법률이나 명령, 규칙 등에 의해 규정된 법률적 제약조건을 준수해야 하는 합리적·합법적 활동을 강하게 요구받게 되지만, 상대적으로 사조직은 법률적으로 규정된 것 이외의 모든 것에 대하여 자유롭게 적용하려는 성격이 있기 때문에 상대적으로 제약의 정도가 낮다고 볼 수 있다.

셋째, 정치적 영향력이다. 공조직은 외부로부터의 압력이 사조직에 비해 강하기 때문에 정책집행이나 제도 운영을 할 때 이해관계자들의 협조와 지지를 확보해야 하기 때문에 정치적 압력에 예민하다. 반대로 사조직은 이해관계자가 적기 때문에 상대적으로 정치적 영향력은 낮은 편이다.

2) 조직과 환경과의 관계

첫째, 활동의 강제성이다. 공조직은 일정 부분 강제력과 강제성 및 독점성을 지니고 있다. 예를 들어 세금징수권이나 공권력에 대한 적절한 제약행위, 공공서비스의 강제적 제공 등이 이에 해당된다. 그러나 사조직의 활동은 고객이나 소비자의 선택적 행위에 의해 결정되는 경우가 많다.

둘째, 조직 활동 결과의 영향력이다. 공조직은 활동과 결과의 영향력이 광범위하고 중대하게 미치지만, 반대로 사조직의 경우에는 상대적으로 영향력의 범위가 제한되어 있어 영향력의 정도가 크지 않다.

셋째, 외부 감시 정도이다. 공조직은 외부 공공기관이나 국민들의 감시가 심하고 이들로부터의 기대와 책임성을 강요받는 경우가 많이 있지만, 반대로 사조직의 경우에는 상대적인 강도와 수준이 낮은 편이다.

3) 내부구조와 과정

첫째, 조직목표와 평가기준이다. 공조직의 목표는 다양하고 포괄적이며 추상적이다. 반면에 사조직의 경우에는 객관적인 표현을 사용하고 명확하며 정확한 목적을 지니고 있다. 따라서 공조직의 평가기준은 목표가 명확하지 않은 까닭에 모호하고 주관적이어서 성과를 평가하기가 어렵지만, 사조직의 경우에는 활동결과와 평기기준이 명확하게 연계되어 있어 평가와 측정이 용이하다.

둘째, 조직운영의 융통성 정도이다. 공조직은 법적·절차적 규정에 대한 적용여부가 중요하기 때문에 의사결정이나 또는 외부 변화에 대한 상황적 대응 수준이 느리고 낮은 경우가 많이 있어 융통성이 적다. 그러나 사조직의 경우에는 상대적으로 절차적 요인에 의한 규제가 적기 때문에 융통성이 공조직에 비해 많이 있는 편이다.

셋째, 조직성과 수준의 경우 공조직은 조직문화가 지닌 특수성 때문에 성과가 낮게 평가되는 경우가 일반적이며, 사조직은 성과가 높게 평가되는 경향이 강하다. 이는 공조직은 경쟁적 환경을 지니지 않아 성과에 대한 압박감이 떨어지지만, 상대적으로 사조직은 경쟁적 환경과 대치하고 있으며 성과와 보상의 연계성이 강하기 때문에 동기요인이 성과를 자극하는데 원인이 있기도 하다.

넷째, 동기요인의 활용정도이다. 공조직은 조직구성원들이 일을 하도록 유인(incentive)장치가 한정되어 있고 비금전적 요인들을 중시하지만, 사조직은 성과와 보상과의 연계성을 확보하여 유인장치들을 다양하게 활용하며 특히 금전적 보상을 강하게 활용하기 때문에 동기요인 활용에 있어 공조직은 한계성을 지닌다.

3. 영리조직과 비영리조직

조직은 나름대로의 목표를 가지고 있다. 이때 그 목표가 영리적인 목적으로 이윤을 추구하기 위한 것인가, 아니면 비영리적인 목표를 달성하기 위한 것인가의 여부에 따라 조직유형을 구별할 수 있다. 특히 사회복지조직의 경우 조직이 추구하는 목표가 영리인가 또는 비영리인가의 여부는 사회복지조직의 성격을 결정하는 핵심 요인이다.

1) 영리조직

조직이 생산하는 재화나 서비스를 통해 재정적 혜택을 누리려는 의도로 구성되는 조직이다. 일반적으로 주주나 투자가들의 이익을 대변하며 나름대로 효율적으로 조직을 구성하여 얻고자 하는 금전적 이익을 취하는 의도가 강하다. 복지조직의 경우에도 민영화(privatization)를 통해 복지서비스의 영리적 목적을 취하는 경우가 나타나고 있다.[1] 따라서 영리조직은 이윤을 추구하며, 고객들은 조직이 제공하는 서비스를 구매해 주는 대상으로 국한하며, 이를 위해 조직을 매우 유연하게 운영하는 특징을 지닌다.

2) 비영리 조직

비영리조직(non-profit organization)은 조직의 이윤을 추구하지 않고 조직에 재투자하며 조직이 추구하는 다른 목적 실현에 관심을 두는 집단적 특성을 지니고 있다. 비영리조직은 주로 자발적이며 대중을 위해 봉사하는 목적을 지닌 집단적 특성이 강하며, 공공서비스를 대행하거나, 또는 특정집단의 이익과 이념, 가치 등을 보호하거나 유지하기 위한 기능을 수행한다. Lohmman(1992)은 비영리조직은 구성원의 자발적 참여와 구성원들 간에 조직목적이 공유되어 있어야 하며, 조직이 사용하는 자원이나 재화가 공유되어야 하고, 조직이 스스로 자생적 규범을 지니고 있어야 한다고 보고 있다.

한편, 비정부조직(non government organization) 역시 비영리를 목적으로 운영되는 경우가 일반적이며 교육기관이나 교회, 의료조직, 노동조합 등이 이에 해당된다. 이들 조직들은 사회정의를 실현하거나 또는 사회복지를 추구하기 위한 경우가 대부분이며 재정적 또는 법적으로 정부의 영향력에서 제외된 독자적인 특성을 지니고 있다.

따라서 비영리조직은 조직목표를 사회복지 증진에 초점을 두며,

---

1) 지은구(2007:44)는 복지서비스가 시장화되는 원인을 정부와의 계약을 통해 민영화 방식으로 이윤을 추구하거나 또는 정부의 보조금이 줄어드는 영향 때문에 비영리조직들이 생존을 위하여 이윤을 추구하는 경우가 있다고 보고 있다. 그러나 사회복지조직에 경영이나 관리적 개념이 도입되는 것은 영리를 위한 조직적인 목적보다는 사회복지서비스의 효율적 전달과 운영을 위한 의미가 있다는 점도 지적하고 있다.

고객들은 자신들의 서비스를 필요로 하는 집단들을 대상으로 하고, 재정은 의존적인 특성을 지니고 있다.

4. Hasenfeld의 사회복지조직유형

사회복지조직에 대한 연구는 Hasenfeld의 클라이언트의 상태와 조직기술에 따른 조직유형분류가 대표적이다. Hasenfeld는 사회복지조직은 인간을 대상으로 한다는 점에 기초하여 클라이언트의 상태와 사회복지조직이 사용하는 기술이 무엇인가를 기준으로 클라이언트와 조직 기술에 따라 사회복지조직을 특성을 분류하였다(성규탁 역, 1985 : 5-11).

우선 서비스 대상인 클라이언트의 유형을 정상기능(normal functioning)과 비정상기능(malfunctioning)으로 구분하고, 클라이언트를 변화시키기 위하여 사용하는 절차나 기술을 분류(processing), 유지(sustaining), 변화(changing)로 나누어 사회복지조직의 특성을 분류하였다.

첫째, 인간분류기술(people-processing technology)이다. 클라이언트의 개인적 속성을 변화시키지 않고 오히려 다른 사회적 집단으로부터 바람직한 반응을 야기하는 사회적 분류(label)와 공식적인 지위부여를 함으로써 클라이언트의 변화를 시도하는 것을 말한다. 예를 들면, 정신질환자, 암환자, 대학생과 같이 클라이언트를 식별하고 분류하여 미리 예정된 방법을 통해 변화를 시도하는 것이다.

둘째, 인간유지기술(people-sustaining technology)이다. 클라이언트의 개인적인 상태의 악화, 약화, 퇴보를 예방하고 현 상태로 완화시키거나 유지하도록 시도하는 기술이다. 예를 들면, 노인의 요양보호, 생계유지를 위한 경제적 지원 프로그램 등이 이에 해당된다. 이 기술은 인간분류기술과 동일하게 개인적 속성을 변화시키려는 적극적인 기술을 사용하지는 않는다.

셋째, 인간변화기술(people-changing technology)이다. 클라이언트의 복지를 증진시키려는 목적으로 개인적 속성에 직접 변화를 주려는 기술로서 심리치료나 사회심리적 상담, 의학적 치료 등이 그 예에 해당된다.

이를 정리한 표는 〈표 1-2〉와 같다.

〈표 1-2〉 사회복지조직의 유형

클라이언트 유형	사용 기술 유형		
	인간분류기술	인간유지기술	인간변화기술
정상 기능	유형1 (대학: 신입생 선발) (신용사정국)	유형3 (사회보장청) (양로원)	유형5 (공립학교) (YMCA)
비정상 기능	유형2 (소년법원) (진료소)	유형4 (공공부조사무소) (요양시설)	유형6 (병원) (거주치료센터)

출처: 성규탁 역(1985:8).

제3장

조직 목표

제1절 조직 목표의 의의

1. 조직 목표의 정의

조직목표란 조직의 "목적과 방향"을 실천하는데 결정적인 기여를 할 수 있는 핵심결과를 언어와 숫자로 표현한 것으로서, "목적과 방향"이란 조직이 실현하고자 하는 바람직한 미래 상태를 의미한다. 목표는 조직이 존재하는 근거의 바탕을 구성하며 조직구성원들을 결집하는 배경이 된다.

일반적으로 목적과 목표는 구별하지 않고 포괄적으로 같이 사용하지만, 목표는 목적이나 비전과는 구별되는 것이 일반적 개념이다. 목적은 나아가고자 하는 방향을 의미하며, 좌표를 제시하지만, 목표는 목적을 달성하기 위한 하부단위의 실행의 결과를 실적으로 나타내며 구체적인 실천의지를 표현한 숫자나 용어로 표시한다. 〈표 1-3〉을 통해 목적과 목표를 비교 정리한다.

〈표 1-3〉 목적과 목표의 비교

목적(goal)	목표(objective)
정신적, 추상적	구체적이며 실천적
방향 중시, 관리대상에서 제외	실적으로 측정되며 관리 대상
변경이나 수정이 적다	상황에 따라 수정이나 재설정이 가능
도달해야 할 좌표를 설정하는 것	정확하게 좌표에 도달하는 것

2. 조직 목표의 기능

조직목표가 조직에 주는 영향력은 다양하다. 목표의 기능을 살펴보면 다음과 같다(오석홍, 1999; 윤재풍, 1985; 민진, 2004).

첫째, 조직 활동의 기준을 제시한다. 조직목표는 목적이 방향을 결정해주면 이를 달성하기 위한 활동에 초점을 두고 있다. 따라서 조직목표는 목적을 실천하고 조직이 지향하는 사고와 이념을 구현하는데 영향을 미치기 때문에 조직 활동의 기준을 제시하는 기능도 지니고 있다.

둘째, 조직 활동의 정당성을 형성하는 근거가 된다. 조직목표가 정당성을 지닌다는 의미는 조직구성원으로부터 지지와 합의를 확보했으며, 조직 활동이 올바른 방향으로 진행되고 있는 근거가 마련되었다는 뜻이다. 조직은 유기체적 특성을 지니고 있어 항상 가변적인 상황에 대응해야 하고, 이 과정에서 목표는 수정이나 재설정이 가능하다. 즉 변화하는 환경요인 때문에 일관성을 지닌 활동이 동반되지 못하는 경우 조직구성원들의 저항을 받게 되는데, 이때 목표가 정당성을 확보할 수 있다면 조직활동의 안정적 기반을 제공할 수 있다. 목표는 조직구성원의 합의와 지지를 도출하는 매개체이며 정당성을 확보하는 결과물이다.

셋째, 목표는 활동을 평가하는 기준이 된다. 조직 활동이 올바르게 이루어졌는지, 그리고 활동의 결과가 조직의 목적을 구현했는지를 평가하는데 반드시 기준이 있어야 한다. 이때 목표는 성공여부를 평가하는 기준이 된다. 목표기준을 초과 달성할 경우 효율적으로 조직을 운영했다는 평가를 한다.

제2절 조직 목표의 구조와 유형

1. 조직 목표 구조의 특징

첫째, 목표 · 수단의 연쇄(ends-means chain)이다. 특정한 목표는 상위의 목표에 대하여 달성 수단이 되며, 하위 목표에 대하여는 상위 목표가 된다. 즉 모든 목표는 위치에 따라 조직 방향과 목적을 위해 목표와 수단의 연계된 방식으로 계층을 구성하고 있다.

둘째, 조직 목표는 다원적이며 복수이다. 조직목표는 목적달성을 위해 다양한 방법으로 해결안을 도출해야 하기 때문에 하나의 목적에 다양한 목표로 구성될 수 있다. 즉 조직목표는 다양한 방식으로 구성될 수 있고 목표의 수는 많을 수 있다. 조직목표는 많은 것이 일반적이다. 그리고 목표는 조직구성원과 이해관계자의 관계를 수용해야 하기 때문에 이 과정에서 다원화될 수 있으며, 복수의 목표를 지니게 된다. 그러나 다원적 목표는 종종 비효율적 운영을 유발할 수 있기 때문에 가급적 목표의 수를 5-6개 정도를 유지하는 것이 효과적이다.

2. 조직 목표의 유형

조직목표에 대한 기준에 따라 다양하게 유형화할 수 있다. Perrow는 준거집단을 사회집단, 고객, 투자자, 최고관리자, 기타 집단의 사람들로 구분하여 사회적 목표, 산출목표, 체제목표, 생산목표, 파생적 목표로 구분하였다. 목표유형을 세부적으로 살펴보자.

1) 공식적 목표와 실질적 목표

공식성의 여부에 따라 목표는 공식적 목표와 실질적 목표로 구분된다. 공식적으로 법령이나 직제, 규정이나 규칙에 근거하여 만들어진 목표는 공식적 목표로서 각 조직의 기능부서가 활동을 예정하고 알리는 공식적인 활동의 목표들이 이에 해당된다. 실질적 목표는 공식적 목표를 달성하기 위한 하위 운영목표이며 조직 내부에서 업무수행을 위해 진행하는 세부과업단위의 실행목표들이 이에 해당된다.

2) 상위목표와 하위목표

목표의 계층제에 의해 구별되는 목표이다. 상위목표는 일반적이고 포괄적이며 거시적인 성격을 지니고 상황을 고려한 전략적 특성이 강하게 포함된 목표이다. 하위목표는 구체적이고 미시적이며 운영적 특성이 강한 전술적 목표들이 해당된다. 목표달성을 위해서는 이들 두 목표의 적절한 조화가 이루어져야 한다. 만약 상위목표만이 강조되고 하위목표에 대한 관심과 지원이 상대적으로 떨어지면 목표가 형식화되거나 실패할 확률이 높다.

3) 무형적 목표와 유형적 목표

목표를 객관화해서 나타낼 수 있는가의 여부로 분류된다. 무형적 목표는 추상적 성격이 강하고 상황에 따라 대응하기가 용이하며 포괄적 범위를 수용하는 특성을 지닌 목표이다. 반면에 유형적 목표는 단기적이고 실질적이며 측정이 가능한 목표이다.

4) 단원적 목표와 다원적 목표

목표의 수와 목표가 포함된 여부로 구별하는 목표이다. 단원적 목표는 목표의 수가 하나이거나 소수이며 명확하고 객관적이며 단순화되어 있어 갈등의 소지가 적고 에너지를 집결하기 용이한 정점을 지니고 있다. 그러나 상황에 대응하는 과정이 단순하기 때문에 상대적으로 경직될 가능성이 있다. 다원적 목표는 목표에 수용된 의미나 내용이 포괄적이기 때문에 목표의 변동성이 적고 다양성을 내포할 수 있지만, 목표 간의 우선순위 결정이나 자원 배분과정에서 갈등을 유발할 수 있다.

5) 예방적 목표와 사후적 목표

문제해결의 시점을 중심으로 구별하는 목표이다. 문제발생을 예견하고 발생 이전에 적극적으로 문제해결을 위해 창의적으로 접근하거나 방향을 유도하는 성격의 목표를 예방적 목표라고 한다면, 사후적 목표는 문제가 발생한 이후 이를 해결하거나 문제발생 이전의 수준이나 상태로 만들기 위해 설정한 목표라고 할 수 있다.

이를 정리한 내용은 〈표 1-4〉와 같다.

〈표 1-4〉 목표의 종류

기준	목표의 종류	세부 내용
공식성	공식적 목표	법령과 직제에 의해 규정, 실질적 목표의 방향 역할
	실질적 목표	운영상 목표, 공식적 목표와 방향이 일치, 비공식적 목표 포함
계층별	상위목표	일반적 · 추상적 · 종합적 · 거시적 · 전략적 목표(최종적 목표)
	하위목표	구체적 · 미시적 · 운영적 · 전술적 목표(도구적 목표)
유형성	무형적 목표	상위 목표와 같은 속성 · 장점: 융통성 확보 가능, 상황 변화에 대한 적절한 대응 용이, 대립되는 이해관계 등의 광범위한 흡수 · 포용 · 단점: 결과의 계량적 측정 곤란, 목표의 전환 소지
	유형적 목표	하위 목표와 같은 속성, 단기적 목표와 관련성이 높고 목표 달성도의 측정 용이
목표의 수	다원적 목표	목표의 다원성(행정 조직 목표의 특성) · 장점: 부수 효과, 다원적 욕구의 충족으로 심리적 부담 방지, 목표의 전환 방지 · 단점: 목표 간 갈등 · 대립, 목표 간 우선순위 선정 곤란, 자원 획득에 대한 경쟁 심화
	단원적 목표	객관적이며 단순화된 소수의 목표
기타	사후적 목표	문제 발생 이전의 상태로 복귀하려는 목표
	예방적 목표	일정방향으로 유도하려는 창조적이며 적극적인 목표

제3절 목표의 변동

조직목표는 고정불변이 아니라 조직전략이나 환경변화에 따라 수정이나 재설정이 가능하다. 목표 변동에는 전환, 승계, 다원화 및 확대 등이 있다.

1. 목표의 전환

목표의 전환(displacement) 또는 대치란 종국적 가치를 수단적 가치로 전환시키는 것이며 목표를 왜곡하는 현상을 의미한다. 가장 일반적인 목표 전환은 목표와 수단이 되고, 반대로 수단이 목표가 되는 현상이며, 우선순위가 바뀌는 경우이다.

목표 전환이 발생되는 원인은 첫째, 소수에 의해 권력·지위가 강화되어 조직의 본래 목표보다는 자기의 권력을 유지·강화시키는 데 더 관심을 갖고 목표를 변경하는 경우로서 흔히 Micheals의 과두제 철칙(iron law of oligarchy)이 지배되는 경우이다. 둘째, 정책·규칙·절차에 지나치게 집착하여 그 자체가 목표가 되어 형식주의·의식주의와 동조 과잉 현상이 초래되는 경우이다. 셋째, 하위목표에 지나치게 관심을 두어 종종 상위 목표를 등한시하는 목표 왜곡 현상이 나타나는 경우이다. 넷째, 조직 내부 문제에 초점을 두고 활동하는 까닭에 전체 목표나 조직의 외부환경의 변화를 과소평가하는 경우가 있다. 다섯째, 전문화에 따른 무능과 할거주의, 조직의 경직화 등이 원인이 된다.

2. 목표의 승계

목표의 승계란 조직의 목표가 실현되었거나 달성될 수 없을 경우 조직이 새로운 목표를 찾아서 설정하는 것을 의미한다.

3. 목표의 다원화확대

목표의 다원화란 조직의 존속을 위하여 조직이 종래의 목표에 새로운 목표를 추가하는 것이며 기존의 목표에 새로운 목표가 더해져서 질적으로 달라지는 경우라 할 수 있으므로 목표의 질적 변동이라고도 한다. 목표의 확대는 종래의 목표 범위를 확대하는 것으로, 목표의 양적 변동이라고도 한다.

제 4 장

조직 이론

조직이론은 조직에 대한 사고방식이다. 즉 조직을 특정한 시각에서 분석하는 것이며, 이 과정에서 무엇을 어떻게 지향하는가의 여부에 따라 이론적 특성이 구별된다.

조직이론을 유형화한 대표적 학자는 Scott이다. Scott는 조직을 이해하는 과정을 두 가지 차원, 즉 조직환경의 이해와 패러다임에의 포함 여부와 대상물(조직이나 사람)을 평가하는 시각의 정도로서 구별하여 이론을 정리하였다. 그러나 Scott의 분류법에 따를 경우 기존 조직이론들을 수용·분류하는데 한계가 있어 일반적으로 시대적 특성에 따라 조직을 고전적 개념, 신고전적 개념, 현대적 개념으로 해석하여 시대별 패러다임에 따라 조직이론을 구별하는 방식을 채택하고 있다.

조직이론을 시기적으로 살펴보면, 고전적 조직이론은 1900년대에 시작해서 1940년대에 어느 정도 체계가 잡힌 이론이며, 신고전이론은 1930년대부터 고전적 조직이론을 비판하면서 등장하여 1940년대에 상당한 위세를 떨쳤으며, 현대조직이론은 1950년대 이후부터 나타난 다양한 조직연구들과 이를 통합적 시각에서 제시한 조직이론들을 의미한다(민진, 2004: 60).

제 1 절 고전적 조직이론

1. 개요

서구 초기산업화 시대에 나타나는 사회적 현상을 수용하고 해결하기 위한 패러다임을 지니고 있다. 주로 1900년대 초기부터 1930년대에 완성된 이론들이다. 산업화의 흐름에 보다 가속도를 붙이기 위한 목적으로 최고의 가치를 "능률"에 두고 초점화한 역사적 배경을 지니고 있다. 민간기업이나 조직들이 능률을 확보하기 위하여 조직 내부에 관심을 갖고, 경제적 기반에 토대를 둔 이론들이다. 따라서 조직의 합리적 운영을 위해 조직과 환경을 폐쇄적 관계로 설정하고 안정적이며 통제 가능한 상황 속에서 운영하는 방식을 선호한 시대적 배경을 지니며, 조직운영은 공식적, 합리적 구조에 따라 운영되도록 설계했으며, 합리적 관리를 위해 절약과 능률, 조직을 운영하는 원리와 원칙의 준수(원리 접근법)를 중요시하였다.

고전적 조직이론을 대표하는 학자로는 Taylor, Gulick, Urwick, Fayol, Weber, Mooney 등이 있으며, 특징으로는 수단적 능률을 강조하였고, 공식적 구조와 과정을 중시하였으며, 경제적 관점과 폐쇄적 환경관을 들 수 있다. 대표이론으로는 과학적 관리론, 행정관리론, 관료제론 등이 있다.

2. 주요이론

1) 과학적 관리론

(1) 배경

Taylor에 의해 창시된 이론으로서 친지가 운영하는 철강공장에서 경험을 통해 검증한 현장중심 내용이 특징이다. 그는 관리의 목적을 크게 두 가지로 이해했는데, 근로자의 극대 번영(maximum prosperity)을 기반으로 사용자 이익의 극대화가 동시에 이루어지는 것으로 보고 있다. 즉 높은 생산성은 사용자와 근로자 모두의 노력이 요구되고 결과적으로 상호의존적 관계를 지닌다고 이해했다. 그러나 당시 상황은 사용자와 근로자 모두가 불신과 반목의 시각을 지니고 있었고, 그 원인은 기계화가 원인이었으며, 이를 해결하기 위한 목적으로 과학적 관리론이 탄생된 것이다.

(2) 내용

어떤 방법을 활용하면 노동생산성의 극대화를 이루고, 이를 바탕으로 사용자 이익의 극대화를 추구할 수 있을까가 핵심이다. Taylor는 해결책으로 분업을 통한 과업의 과학화를 시도했다. 근로자의 작업환경을 검토하여 동작연구 및 시간연구를 통해 업무기준을 표준화하였으며, 근로자에게 가능한 능력이 되는 부분의 업무를 부여하고 이를 위해 근로자들을 과학적으로 선발하고 능력개발을 위한 훈련을 유도했고, 철저한 책임분담과 업적수행을 강조하여 차별적 성과급제를 운영하였다. 특히 자신의 능력에 따라 차별적 보수를 받게 하는 차별적 성과급제는 근로자에게는 열심히 일하면 더 많은 보수를, 사용자에게는 더 많은 생산과 이익 실현을 가져오게 되어 결과적으로 "단 한가지의 최선의 방법(a single best method)"을 사용하여 작업을 수행할 수 있도록 설계하고 성과급을 통해 근로자들에게 동기유발을 시키며 그 결과는 작업능률 향상과 이익실현을 가져온다고 주장했다.

(3) 평가

첫째, 경제적 또는 기계적 인간관이다. 경제적 유인을 통해 사람을 통제할 수 있다는 생각은 인간을 부품화 내지는 기계화의 대상으로 이해하고 있다는 점에서 비판을 받고 있다. 둘째, 사용자측으로부터는 경영자의 고유권한이 점차 기술자들에게 의해 대체된다는 비난을 받았으며, 근로자 측으로부터는 인간을 기계의 부속품으로 해석한다는 비판을 받았다. 셋째, 생산성을 증대시키는 구체적 방법을 과학적 방식을 통해 제공하였으며, 직무분석의 기초적 토대를 제공하여 시간관리와 동기요인의 영향력을 체계적으로 검토한 것은 긍정적으로 평가받고 있다.

2) 행정관리론

관리자에게 필요로 되는 관리문제를 본격적으로 연구한 이론이다. Taylor가 현장 작업자를 중심으로 문제해결을 중시했다면 행정관리론 학자들은 업무를 효율적으로 실행하기 위해서는 무엇을 어떤 방식으로 관리해야 하는가를 중시한 이론이다. 주로 "원칙" "원리" 등의 표현으로 나타나며, Fayol, Gulick, Urwick 등의 대표적 학자들이 있다

(1) Fayol의 산업관리론

조직을 관리하는 관리자는 계획, 조직, 조정, 통제활동을 관리하는 것이 필요하며, 이들 네 가지 활동을 관리하는 것 자체를 "관리"의 대상으로 이해하였다. Fayol은 관리를 위한 원칙을 주장하면서 14가지의 원칙을 제시하였는데, 분업의 원리, 권한과 책임의 원리, 규율의 원리, 명령통일의 원리, 업무추진 일원화의 원리, 전체이익 우선의 원리, 보상의 원리, 집권화의 원리, 위계서열의 원리, 질서의 원

리, 형평의 원리, 인력의 안정성 원리, 자발성의 원리, 단결의 원리 등이 이들 원칙이다.

(2) Gulick의 POSDCoRB

Gulick은 관리자의 기능을 계획(Planning), 조직(Organizing), 인사(Staffing), 지휘(Directing), 조정(Coordinating), 보고(Reporting), 예산(Budgeting)으로 보았으며, 이들 기능이 달성되려면 반드시 분업이 이루어져야 하고, 분업을 위한 전제조건으로 충족시켜야 할 목적(purpose), 사용되어야 할 과정(process), 취급해야 할 일(thing)과 사람(people), 활동장소(place) 등을 지녀야 한다고 보았다.

3) Weber의 관료제론

Weber는 근대 자본주의 발달에 따라 사회목적을 달성하기 위한 가장 적합한 수단으로 조직을 고려했으며, 특히 합리적이고 작업능률을 극대화할 수 있는 조직을 관료제라고 말했다. Weber는 조직업무를 수행하는데 "권위의 정당성"에 근거하여 지배유형을 세 가지로 분류하였다. 첫째, 전통적 지배로서 사회에 형성되어진 전통이나 관습 때문에 정당화 되는 권위에 의해 지배하는 유형이며, 둘째, 카리스마적 지배로서 어떤 인물이 지닌 신성한 또는 비범한 특징들에 대하여 조직구성원들이 가지는 믿음 때문에 형성되는 권위에 의해 지배하는 유형이고, 셋째, 합법적 지배로서 법규에 의해 규정되어진 내용에 따라 형성되어진 권위에 의해 지배하는 유형이다. Weber는 합법적 권위에 의해 지배되는 합법적 지배유형을 가장 바람직한 유형이라고 보았다. 즉 조직 내에서 상관과 부하와의 지배와 복종간의 내재되는 질서의 근거를 합법적 지배로 인식하였다.

한편, 관료제 조직이 지닌 특성에 대하여, Hall은 권위적 계서제와 업무의 전문화, 업무 절차의 명세화 등을 강조하였는데 학자들의 주장을 정리해 보면 다음과 같다. 첫째, 모든 직무는 법규에 따른다. 둘째, 모든 직위는 계층제에 의하여 구성되며, 상명하복의 구조화된 체계를 지닌다. 셋째, 모든 조직 활동은 반드시 서류화를 통해 근거를 남긴다. 넷째, 조직업무는 가능한 전문가에 의해 운영되어야 하며, 철저히 원칙을 준수한다. 다섯째, 문서주의에 기초하고 공사(公私)를 구분하여 모든 직무를 원칙과 기준, 법규에 따라 운영한다.

제 2 절 신고전적 조직이론

1. 개요

신고전적 이론은 고전적 조직이론의 문제점과 한계점을 극복하면서 고전이론과는 다른 대안을 제시하려는 노력에서 시도된 이론이다. 신고전이론은 고전이론이 지닌 관리원칙 및 규칙의 지나친 강조, 비인간화, 고정된 명령체계, 경직성, 전문화된 특정의 단조로운 직무 등의 문제를 해결하고자 1930년대를 전후하여 나타나기 시작하였고, 1940년대에는 상당한 영향력을 행사하였으며, 1950년대에 이르러 더욱 성숙한 조직이론의 한 범주이다.

이들 이론은 환경과의 교류에 대해서는 배타적이면서도 부분별 수용을 시도했으며, 조직 내 관리요소는 일보다는 사람관리에 초점을 두었다. 신고전이론에 속하는 대표적 이론으로는 인간관계론, 환경유관론, 경험주의론 등을 들 수 있다.

2. 주요 이론

1) 인간관계론

(1) 배경

인간관계론이 성립될 당시 미국 기업들의 상황을 살펴보면, 기업들은 조직의 규모와 기술에 대한 의존도가 커지고 있었으며, 근로자들은 점점 더 전문화된 훈련을 받고 작업에 배치되었는데, 그 결과 기계적이고 전문화된 작업방식에 대한 근로자들의 불만이 증가되는 경향이 나타났다. 이러한 불만과 당시 점차 그 세력이 강해지는 노조에 대응하기 위해 당시 기업들은 무엇보다 종업원들과의 관계를 개선시켜야 할 필요성을 지니게 되었다.

(2) 내용

인간관계론은 Mayo 교수에 의해 연구된 이론으로서 호손 공장 실험을 통해 인간관계론자들이 주장하는 이론들의 내용을 입증하였다. 즉 감독지도방법, 비공식집단의 사회관계, 개인 간의 역학관계 등이 근로자의 생산성에 영향을 미치며, 개인보다는 집단적 특성이 비중이 높다는 것이다. 이를 호손 효과(Hawthorne Effect)라고 부른다. 인간관계론을 지지하는 학자들은 인간의 행위는 외부적 요소보다 내부적 요소에 의해 결정된다고 보면서, 사람을 관리하려면 그 사람의 내부적인 주관, 즉 태도나 감정구조에 더 비중을 두어야 한다고 주장한다. 고전이론은 이성적 관리를 통한 금전이나 승진 등 경제적·외부적 요인에 의해서 사람이 관리된다고 보았으나, 인간관계론에서는 감성적 관리를 통한 자기 자신과 심리적 통제, 집단적 통제를 통하여 사람을 관리할 수 있다고 보았다. 세부적인 내용들을 살펴보자.

첫째, 조직은 기술적·경제적 체제일 뿐 아니라 서로 생각하고 어울리고자 하는 인간들의 집합체이기 때문에 조직의 생산성을 향상시키는 데는 공식조직뿐 아니라 조직구성원들의 태도 결정에 중요한 역할을 하는 비공식집단이 매우 중요하다고 보았다.

둘째, 인간은 사회적 욕구를 지녔으므로 인간의 행동은 경제적 유인에 의하여 영향을 받을 뿐 아니라 사회적·심리적 유인에 의해서도 영향을 받는다. 즉 생산수준의 결정에는 육체적 능력보다 사회적 규범과 비경제적 보수 및 제재가 큰 영향을 미친다고 보았다.

셋째, 개인은 조직구성원들이 많을 경우 개인으로 행동하는 것이 아니라 집단의 일원으로 행동하는데, 이러한 집단의 규범 설정 및 시행을 할 때에 리더십의 역할이 중요하다고 보았다.

넷째, 권위주의적 리더십보다는 민주적 리더십이 더욱 효과적이며, 조직구성원의 조직에 대한 만족감을 증진시키는 것이 중요하다고 보았다.

따라서 관리자는 생산성을 향상시키는 위해서는 다음 사항들을 고려해야 한다고 보았다. 관리자는 기술적 능력뿐만 아니라 사회적 기술을 갖추어야 하며, 조직구성원에게 관심을 가지고 배려해 주는 인간 중심적이고 민주적인 리더십을 발휘해야 하고, 조직구성원들이 조직 내에서 자신의 의견을 자유롭게 표현할 수 있도록 의사전달의 통로를 발전시켜야 하며, 의사결정에 적극적으로 구성원이 참여하도록 조직구성원의 사회적 · 심리적 욕구를 고려해야 한다고 지적했다.

(3) 비판

첫째, 표면적으로 인간관계론은 인간화할 수 있다고 하지만, 오히려 감정관리를 통해 조직구성원들을 착취하는 도구로 사용되었다는 것이다. 즉 만족한 젖소가 더욱 많은 우유를 생산해 내듯이, 만족한 근로자들이 더욱 많은 생산을 한다는 식의 논리를 주장한다는 점에서 인간관계론을 '젖소 사회학'으로 혹평하기도 한다.

둘째, 공식적 조직의 장점과 가치를 지나치게 비하했다. 인간관계론적 시각에서는 과학적 관리론을 "인간 없는 조직"으로 평가했지만, 상대적으로 인간관계론 역시 "조직 없는 인간"의 형태를 지닌다는 비판을 받고 있다.

셋째, 조직을 폐쇄체제적인 관점에서 해석해서 경제적 환경, 노동시장의 조건 등 외부 조직환경의 영향을 적절히 고려하지 못해서 외부 조직환경이 조직과 조직구성원들에게 미치는 영향을 인식하지 못했다.

넷째, 근로자들의 만족을 중시하면서도 근로자들은 관리층이 내세운 관계를 수락해야 하며, 관리층은 근로자들을 조작할 수 있다고 봄으로써 근로자들의 존재는 목적을 위한 수단적 도구로 되었으며, 결과적으로 근로자들은 비합리적인 인간으로 규정하는 결과를 가져왔다.

2) 환경유관론

Parsons, Barnard, Selznick 등이 연구한 이론으로써, 환경적 영향이 조직에 영향을 미친다고 주장한다. 조직이란 환경으로부터 완전히 독자적으로 자주적이지 못하기 때문에, 항상 조직은 외부환경의 사회적 단위의 요구나 조건에 영향을 받는다고 보고 있다.

특히 Selznick의 경우 조직 내 조직 관행이나 관습 등 조직 운영기준의 바탕이 되는 이들 요소들은 비공식적 조직의 특성에서만 형성되기 때문에 조직 구성원이 공유하고 조직문화로 형성되며 제도화되는 과정 자체변화는 이미 환경영향을 받고 있다고 이해하고 있다.

제3절 현대적 조직이론

1. 개요

현대적 조직이론은 1950년대 이후부터 현재까지 조직연구의 경향이나 활동을 의미하는데 주로 고전적 조직이론과 신고전적 조직이론에 대한 비판과 수정을 통해 결합한 것이 특징이다.

현대적 조직이론은 조직을 유기적 존재로 인식하고, 조직운영 관점을 체제적, 상황적, 적응적 시각에서 이해하려는 시각이며 조직특성은 다음과 같다. 첫째, 조직은 개인, 공식 및 비공식 구조, 기능과 역할, 직무환경이 혼합된 시스템이다. 둘째, 조직은 환경과 끊임없이 상호 작용하는 개방체제이다. 셋째, 조직은 고전적 요소와 신고전적 요소를 포함한 통합적 관점의 이론이다. 넷째, 조직은 항상 환경에 따라 변화하며, 갈등과 대립을 지닌 불안정적 존재이다. 다섯째, 조직의 가치는 다양하며 상황에 따라 변화하는 유기적 존재이다.

2. 주요 이론

1) 체제이론(system theory)

체제(system)란 일관된 요소들의 공동목표 달성을 지향하며, 연관된 요소들에 의한 하나의 총체적인 관계형성이 포함된 집합적 개념이다. 즉 전체의 목적을 위해 함께 참여하는 단위들의 구성체이며, 두 개 이상의 여러 단위들이 서로 연결되어 상호작용하며 하나를 구성하는 집합체이다.

체제이론은 자연과학과 생물학의 이론들을 기초로 만든 이론으로서 조직에 응용되었다. 무엇보다도 조직을 유기체적 요소로 이해하고 인체에 비유하여 인간과 동일한 활동을 하는 과정을 조직활동으로 이해하여 분석한 것이 특징이며, 이를 개념화한 학자는 Bertalanffy이며, Sharkansky가 대표적 학자이다.

Sharkansky는 체제의 구성요소는 투입, 전환, 산출, 환류, 환경 등의 다섯 가지 개념을 중심으로 설명하였으며, Parsons는 체제는 균형과 존속을 위하여 필수적으로 적응, 목표달성, 통합, 잠재적 형상유지 및 긴장관리 등의 기능을 지니고 있다고 보고 있다. 특히 분화(differentiation)의 증가, 전문화를 통한 역할 분화를 중시하며, 환경의 다양성에 따른 필요 다양성(requisite variety)을 강조했다(Robbins, 1990: 15-19).

첫째, 환경이다. 조직의 경계밖에 존재하는 모든 것을 의미한다. 행정조직과 환경과의 관계로 살펴보면 언론, 이익단체, 민간기업, 정당, 국회, 법원 등이 외부환경요인이 되며, 자원요소로 보면 인적자원, 물적 자원, 지식, 기술, 자본 등의 요소가 이에 해당된다.

둘째, 투입이다. 조직 경계를 넘나들면서 조직이 필요로 하는 것을 환경으로부터 받아들이는 모든 것을 의미한다. 행정조직의 경우에는 조직운영 자원, 국민의 요구, 국민의 지지와 반대, 외부 이익집단의 태도와 행동 등이 해당된다.

셋째, 전환이다. 투입된 요소들을 조직 내에서 새로이 해석하고 구성하는 과정으로서, 관리적 시각에서는 계획, 집행, 평가가 이루어지는 과정이며, 정책적 시각에서는 정책형성이 이루어지는 일련의 과정이라고 하겠다. 주로 조직구조, 문화, 의사결정, 권력분산정도, 조직 분위기 등이 이에 해당된다.

넷째, 산출이다. 일련의 전환과정을 거쳐 나타낸 투입물의 결과이다. 주로 조직목표를 수행하는 과정에서 수행의 결과치로서 외부환경에 내놓는 것인데, 정책, 규칙, 제품, 행정서비스 등이 이에 해당된다.

다섯째, 환류이다. 산출물의 일부로서 정보나 조직과정의 내부현상이 기대한 만큼의 결과치를 얻지 못했을 경우 이를 시정하기 위한 조치의 일환으로 투입을 포함한 관련요소들에 영향을 미치는 활동을 의미한다.

여섯째, 부정적 엔트로피와 제어 피드백(negative feedback) 활동이다. 조직운영 시스템에 혼란을 주고 조직을 와해시키거나 소멸시키려는 각종 바이러스 활동을 추적하고 활동을 인지하여 이를 처리하거나 극복시키기 위한 관련활동을 의미한다. 주로 갈등이나 대립, 또는 각종의 낭비요인, 공유가치의 부재 등이 이에 해당되고, 이를 극복하는 과정이 부정적 엔트로피 활동이다.

일곱째, 정보처리 메커니즘이다. 환경변동과 관련하여 체제가 필요로 하는 "투입"요소만을 선별하여 선택하는 활동을 의미한다. 시험이나 면접을 통한 인적자원의 선별행위, 조직비전과 연계된 핵심인력의 유치, 경쟁을 통한 관련 활동의 효율적 추구 등이 해당된다.

여덟째, 동태적 항상성(dynamic homeostasis)과 안정상태 유지이다. 엔트로피를 저지하고 조직운영의 불변성을 유지하기 위해 조직은 항상 균형을 유지하려는 성향을 지니며 균형유지를 위해 개발체제를 통해 투입과 산출을 적절히 유지하는 기능을 지닌다.

아홉째, 진보적 메커니즘을 지향한다. 개방체제 하에서 환경과의 관계를 고려하여 분화와 통합을 통해 조직을 생존시키고 발전시키는 과정을 진행하는 활동이다. 특히 환경변화에 따라 동질성과 이질성의 지속적 반복을 통해 조직을 항상 유지하려는 성향을 지닌다.

지금까지 서술한 체제이론의 흐름은 〈그림 1-1〉로 정리된다.

〈그림 1-1〉 체제와 시스템

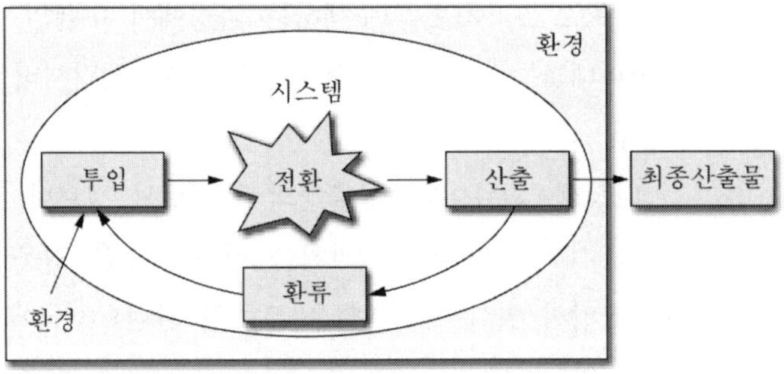

출처 : Robbins(1990:13 수정)

2) 상황적응적 이론

조직운영을 위한 보편적 원리나 원칙보다는 조직에 주어진 특수한 상황조건에 초점을 두고 연구된 이론으로서 1960년대 등장하였다. Woodward, Lawrence, Fiedler, Osborn, Schmit 등이 대표적 학자이다.

상황적응적접근(contingency approach)이론은 상황조건이 변화하면 변화된 조건에 맞추어 조직구조와 관리체계, 관리요소, 업무절차 등을 설계·운영해야 효과적이라는 것이다. 이때 〈상황조건〉이란 조직을 둘러싼 환경들을 의미한다. 예를 들어 고객만족전략의 경우, 과거에는 공급자 중심의 전략을 사용하였으나, 경쟁이 심해지고 신규품목들이 출시되어 환경이 변화한다면 수요자중심으로 고객만족전략을 변경하는 것이 효율적이다.

3) 행태주의 이론

행태주의 이론(behavior approach)은 인간의 행동과 태도를 체계적으로 연구한 이론으로서 행동과학이라고도 한다. 주로 인간관계론자들이나 심리학자들의 이론에 기초하여 이를 사람관리에 적용하였다. 행태주의 이론은 인간의 행동과 태도(행태)는 인간의 욕구와 성격, 사회적 배경 등을 반영한 것이기 때문에 효율적으로 관리하면 구성원들의 대면적(face-to-face)관계나 집단관리 및 조직문화와 조직발전 등에 활용 가능하다고 보았다.

4) 제도이론

제도이론(institution theory)은 Selznick이 대표적 학자이다. 제도이론은 조직목표가 변화하는 것에 초점을 두고 조직은 환경의 변화에 따라 생존을 목적으로 환경압력에 따라 조직구조를 변경한다는 것이 주요 내용이다. 예를 들어 고객만족부서를 설치할 필요가 없는 조직에서 같은 업종의 타 회사들이 고객만족부서를 만든다면 상황에 따라 만들 수밖에 없다는 것이다. 즉 외부압력이 제도화(institutionalization)를 유도한다는 것이다.

제 4 절 조직이론의 비교

지금까지 조직이론을 유형화하는 기준을 시대적 흐름에 따라 구분하였으며, 이 과정에서 필수적으로 고려되는 요소들, 즉 가치, 구조, 인간, 환경 등은 조직이론의 특성을 비교하는데 중요하다. 이들 요소들을 통해 비교해 보자(민진, 2004: 71-75).

1. 가치관의 비교

고전적 조직이론은 "단일적 가치로서의 능률"을 중요시한다. 능률은 주어진 목표를 최소한의 비용과 노력으로 달성하는 방법을 모색하며 주어진 지원과 노력으로 최대의 목표를 달성하는 방법을 탐색하는 것을 중요시한다.

신고전적 조직이론은 사회적 능률성을 강조하면서 조직구성원의 행동을 관리하는 요인으로는 금전적 보상만이 아니라 사회구성원들 간의 사회적 욕구충족이나 비공식적 인간관계를 고려한다.

마지막으로 현대적 조직이론은 조직목표와 성과(performance)에 연계된 효과성이나 조직환경과의 관계를 고려해서 대응성(responsiveness)을 강조하거나, 또는 고객과의 관계를 고려해서 만족도(satisfaction)를 중요시하고 있다. 특히 조직의 생존과 발전도 강조하는 측면이 강하다.

2. 구조관의 비교

고전적 조직이론은 공식적 구조를 선호한다. 관료제 조직과 같이 공식적 구조와 기능을 중심으로 분업과 계층제, 통합과 조정을 통한 능률적 구조와 운영을 중요시한다.

신고전적 조직이론은 비공식적 구조를 선호한다. 신고전적 조직이론은 구성원의 내면적 인간관계를 강조하고 선호하는 사람들 간의 소집단화를 강조하며 집단 간의 역동적(dynamic) 요소를 중요하게 인식한다.

현대적 조직이론은 환경과 연계된 조직구조를 중요하게 인식하기 때문에 공식적 구조나 비공식적 구조만이 아니라, 행렬조직, 매트릭스 조직, 네트워크 조직 등 다양한 조직구조를 선호하고 설계하고 있다.

3. 인간관의 비교

고전적 조직이론은 인간을 합리적·경제적 인간관을 인식한다. 즉 조직구성원들은 계산적이고 이성적이며 이해관계에 따라 행동하고 경제적 욕구에 의한 보상에 의해 동기부여가 된다.

신고전적 조직이론은 인간을 사회적 동물이나 감정적 존재로 인식한다. 즉 이성적 요소보다는 감정적 요소에 의한 자극에 더 예민하며 합리적인 판단에 의해서만 행동하는 것은 아니다. 비공식적 인간관계를 중요시하기 때문에 소속감이나 집단 내 분위기, 또는 조직문화 등에 의해 동기부여가 결정된다.

현대적 조직이론은 고전적, 신고전적 조직이론들이 조직목표를 달성하기 위한 측면에서 인간관을 비판하면서 자신이 추구하는 목표와 조직목표와의 양립관계를 고려하고 효과적으로 이를 해결하는 인간을 중요하게 인식하고 있다. 즉 자아실현이나 복잡한 인간, 또는 성취적 인간 등의 인간관을 지니고 있다고 볼 수 있다. 따라서 일정한 정형화된 인간관을 지니고 있지는 않다.

4. 환경관의 비교

고전적 조직이론은 조직과 조직을 둘러싼 환경과의 관계를 상호교류하지 않는 폐쇄적 체제(closed system)관점을 유지한다. 조직을 운영하는 원칙은 불변의 특성을 지니며, 환경과는 별개의 관점에서 운영되는 것으로 인식한다.

신고전적 조직이론은 조직을 둘러싼 환경의 압력을 인정은 하지만, 조직이 인지하는 정도는 크지 않다고 보고 있어 고전적 조직이론과 같이 폐쇄적 체제로 환경을 인식한다.

반면에 현대적 조직이론은 적극적인 환경관을 지니면서 조직과 환경은 상호작용을 통해 발전한다고 인식하기 때문에 개방적 체제(open system)관점을 지니고 있다. 환경변화에 따라 조직이 변화하고 조직은 환경을 경우에 따라 활용해야 하는 관계를 지닌다고 인식해서 환경으로부터의 압력에 민감하며 영향력을 인정한다.

서술한 내용을 정리한 내용은 〈표 1-5〉와 같다.

〈표 1-5〉 주요 조직이론의 비교

구분	고전적 조직이론	신고전적 조직이론	현대조직이론
조직의 가치관	기계적 능률	사회적 능률	다양한 가치
조직의 구조관	공식적 구조	비공식적 구조	다양한 구조
조직의 인간관	경제적 인간	사회적 인간	성취형인간
조직의 환경관	폐쇄적 체제	폐쇄적 체제	개방적 체제

출처: 민진(2004:75)

사회복지행정조직의 영역

제 2 편

1편에서 조직의 개요와 이론의 흐름을 통해 조직의 특성을 이해했다. 사회복지조직도 독특한 영역을 지니고 있으며, 어떤 방향을 지향하고 무엇을 구현하려고 하는지, 그들의 활동은 어떤 것들이 있는가에 따라 타 영역의 조직과는 비교된다.

본 편에서는 사회복지조직만이 지닌 이념과 가치, 영역을 분석하여 사회복지를 추구하는 조직의 특수성을 이해하고자 한다.

제1장

조직이념과 가치

제1절 사회복지행정의 이념

이념이란 조직이 추구하는 미래의 궁극적 최고 가치로서 이상적인 미래상 또는 철학, 지도정신, 그리고 지침이나 방향을 의미한다. 조직에 이념이 필요한 이유는 첫째, 조직이 추구하는 가치를 명확하게 하여 조직의 존재가치를 파악하도록 하며, 둘째, 조직구성원들에게 부여된 임무와 문제에 대하여 해결을 위한 기준을 제시하며, 셋째, 집행한 활동결과를 분석, 평가하고 발전을 모색할 수 있는 기준을 제시하며, 넷째, 조직의 생존과 발전을 위한 변화대응능력의 기반을 구축하기 때문이다.

사회복지행정조직의 이념은 사회복지행정이 지향하고자 하는 최고의 가치와 정신, 지도지침을 의미한다. 사회복지정책을 사회복지서비스로 전환하는 행정과정의 기준이 되고, 목표가 되며 실천적 방향을 제시해 준다. 사회복지서비스의 욕구를 명확히 하고 그 욕구의 충족을 어떻게 행할 것이며, 활동 결과에 대한 평가기준은 어떻게 정할 것인가에 대한 기초점이 된다. 사회복지조직이 추구하는 이념은 시대 상황과 사회적 환경이 요구하는 시점에 따라 강조되는 요소들이 다르지만, 일반적으로 효과성, 효율성, 공평성, 접근성, 책임성 등이 있다(장인협 · 이정호, 1993: 10-11).

1. 효과성

효과성(effectiveness)은 욕구의 충족 또는 해결에 있어서 어느 정도 유효한가를 의미하거나 또는 의도하거나 기대한 것과 같은 소망스런 상태가 나타나는 정도를 의미한다. 따라서 욕구충족을 위해 선택된 서비스가 어느 정도 적합한가의 관점에서 판단된다. 즉 주어진 예산을 지침에 따라 필요로 하는 사람들을 위해 사용했다는 사실보다는 주어진 행정서비스를 받고 어느 수준 정도로 행정이 추구하는 근본적인 목적을 달성했는가 하는 측면을 고려한다.

2. 효율성

효율성(efficiency)은 최소의 자원으로서 최대의 효과를 어떻게 거둘 것인가 하는 것에 초점을 두며, 보다 적은 비용으로 행정서비스를 제공하는 의미를 가지고 있는 가치 개념이 포함된 개념이다. 외부자원에 의존비중이 높은 사회복지행정은 서비스의 공급을 위해서 효율성이 적용되어야 하는데, 특히 자원이 제한될 수밖에 없는 현실이 효율성을 중시하도록 요구하고 있다. 그러나 사회복지 특성상 상대적으로 사회적 형평성을 제고하면서도 효율성을 고려해야 하는 이면적인 특성을 지니고 있기도 하다.

3. 공평성

공평성(equity)이란 동일한 욕구를 가진 대상자는 동일한 혜택

(service)을 받아야 한다는 개념이다. 사회복지서비스의 공급에 있어서는 공평성이 특별히 배려되어야 하는데, 이때 공급받는 서비스에는 서비스를 받는 기회와 내용뿐 아니라 그 비용을 포함하여야 한다. 종종 사회복지서비스의 공급은 필요한 서비스 또는 시책, 시설 등에서 불충분한 준비로 인하여 서비스의 수익자와 비수익자 간에 공평성을 저해하는 현상이 나타나기도 한다.

4. 접근성

편익성(convenience) 또는 접근성(accessibility)은 사회복지욕구 중 특히 비화폐적 욕구충족의 경우에 문제가 된다. 즉 클라이언트가 복지서비스를 쉽게 이용할 수 있어야 하는데, 비화폐적 욕구충족을 위한 수단은 금전급부와는 달리 현물 또는 상담서비스로 되기 때문에 이용자가 쉽게 이용하도록 하는 것이 핵심요소이다. 예를 들어 어떤 종류의 욕구충족에 있어서 시설서비스가 필요로 할 때 시설(institution)이 충분한 설비·기능을 갖추고 있어도 그 설비가 이용자에게 물리적으로 떨어져 있거나 또는 그 시설의 운영관리가 지나치게 관료적이면 그 서비스는 욕구충족의 기능을 다하지 못하게 된다.

5. 책임성

책임성(responsibility)은 사회복지행정의 목적달성에 충실하게 임했으며, 집행 과정에서 법규를 준수했는지의 여부를 묻는 이념이다. 책임성을 제고하기 위해서는 정보가 공개될 뿐만 아니라 투명하게 집행되어야 한다. 사회복지행정에서 책임성이 제고되면 합목적성과 합법성을 향상시킬 수 있다. 또한 자격 있는 복지수혜자가 혜택을 받도록 함으로써 복지의존성(welfare dependency) 문제 및 복지남용(welfare abuse) 문제를 어느 정도 해결할 수 있게 된다.

제 2 절 사회복지행정의 가치

1. 가치의 정의

가치(value)는 현실세계에 대한 인간의 실천과 경험을 통해 형성되는 의식적인 관계가 축적된 결과로서 '역사적' 산물이라 할 수 있다. 가치는 인간과 대상의 관계를 통해 정착되며, 인간의 사고와 태도에 영향을 미치며 동시에 그들의 존재조건·욕구·이해관계 등을 보여주는 개념이 된다. 따라서 가치의 내용은 변화되는 의식구조를 반영하면서 시대적·사회적 여건에 따라 각기 다른 형태로 나타난다.

사회복지조직이 추구하는 가치의 경우 근원적 출발은 서구사회가 바라보는 인간과 사회에 대한 시각에서 찾아볼 수 있다. 기독교의 교리, 민주주의, 청교도적 논리, 사회진화론 등 서구역사의 흐름 속에 나타난 역사적 산물과 그에 따른 인간의 태도나 행동 등이 사회복지 가치를 형성한 것으로 판단된다. 사회복지의 가치는 크게 실천론적 관점과 정책론적 관점에서 세분화하여 설명한다.

2. 실천적 관점에서의 가치

우리나라 사회복지사 윤리강령의 서두에는 '사회복지이념은 사회의 안정과 번영을 위하여 정의, 평등, 자유, 민주의 가치를 바탕으로 모든 사회성원들의 인간의 존엄성을 유지하면서 자기실현을 할 수 있도록 사회 전체가 공동으로 책임을 진다는 철학을 기본으로 한다'고 되어 있다. 이는 실천론적 관점에서의 중요 가치에는 인간의 존엄성, 자기결정권, 균등한 기회, 사회적 책임 등을 고려할 수 있다(류종훈, 2006: 31-33).

1) 인간의 존엄성(개별성의 원리)

사회복지가 추구하는 중요한 기본가치 중 하나이며 근원적 성격을 지니고 있다. 개인은 그 이용가치와는 상관없이 존중되어야 하며, 어떤 조건에 의해서도 인간이 지닌 존재가 무시되거나 차별받아서는 안 된다. 따라서 인간으로서의 존엄성은 사생활에 있어서의 자유와 행복추구의 존중에 대한 중요성과 연관되어 있다.

2) 인간의 자기결정권(자기결정의 원리)

인간의 자기결정권(self determination)은 각자의 자기 능력과 판단에 따라 자기의 태도와 행동을 결정할 권리를 갖는 것이다. 그 어떤 경우에도 위협이나 일방적 관계에 의한 불평등적인 상황에서 결정을 강요받을 수 없으며, 반드시 스스로의 판단과 의지에 따라 결정을 할 수 있도록 기회를 만들어 주어야 한다.

3) 인간의 균등한 기회(기회균등의 원리)

인간의 균등한 기회(equal opportunity)란 인간은 누구나 평등하고 균등한 기회가 주어져야 한다는 의미이다. 즉 경제적, 또는 정체적 측면에서는 시장논리와 경쟁에 따라 누리는 혜택이나 보상에 차이가 있지만, 사회복지란 측면에서는 차별 없이 꼭 같은 기회가 주어져야 하는 기회균등의 원리가 있어야 하는 것이다.

4) 인간의 사회적 책임(상부상조의 원리)

사람은 개인, 가족 및 사회에 대하여 공동체의 중요성을 인식하고 상부상조의 원리를 수용해야 한다. 빈곤, 질병, 노령, 산업재해 등 사회문제에 대하여 사회적 위험을 인식하고 공동의 협력과 책임을 전제로 한 사회적 연대를 통해 이를 해결하려는 연대의식을 지녀야 한다.

3. 정책론적 관점의 가치

정책론적 관점의 가치는 사회복지정책 수립의 밑바탕을 이루는 가치로서 우리의 경우 1970년대 이후부터 중요한 부분을 차지하고 있다. 정책론적 관점의 가치는 시대적 특성에 따라 가치요소가 강조되어 왔으나, 일반적으로 자원배분을 통한 정의 실현이 중심을 이루고 있다. Gilbert와 Specht는 자원배분에 초점을 두고 평등, 공평, 적절 등을 중요 가치로 선정하였으며, 송근원 · 김태성은 정책이 추구하는 가치로 평등, 효율, 사회적 적절성, 자유 등을 고려했으며, 김경우 · 양승일 · 강복화는 자유, 평등, 민주주의, 연대의식, 공평성, 적절성, 효율성, 접근성 등을 제시하였다.

1) 자유

정책론적 관점의 자유(freedom)는 크게 두 가지 종류로 대별된다.

우선 본연의 의미를 지닌 자유이다. 흔히 구속이나 속박으로부터 해방을 의미하는 것으로서 이는 한 개인이 상대로부터의 압박이나 억압을 받지 않은 상태에서 자신의 의사를 자유롭게 표현하는 상태를 의미한다. 직업선택, 양심의 자유, 집회 결사의 자유, 거주 이전의 자유 등이 이에 해당한다. 주로 소극적 자유라는 의미로 사용하며 정부의 개입이 최소한을 적용되기를 기대하고 있는 것이 특징이다. 반면 적극적 자유는 개인의 자아실현에 장애가 되는 사회구조나 장애요인을 제거하기 위한 목적으로 국가가 적극적으로 개입하기를 요구하는 자유이다. 스스로 인간다운 삶을 살 권리가 있으며 개인의 무지나 빈곤 질병으로부터 탈피하기 위해 적극적으로 자신이 지닌 권리를 요구할 수 있는 상태를 의미한다. 따라서 적극적 자유는 국가에 의한 자유이며 현대복지국가가 지향하는 모든 가치를 함유한

포괄적이며 사회 모든 계층을 포용하는 범위를 지니고 있다.

2) 평등

정책론적 가치로서의 "평등"은 사회적 재분배를 통해 사회구성원들의 삶의 질을 골고루 향상시키는데 초점을 두고 있다. '모든 사람들은 사회적 혜택을 획득할 평등한 권리와 사회적 책임을 감당할 의무를 지니고 있다'는 명제에서 출발되는 평등은 수량적 평등(numerical equality), 비례적 평등(proportional equality), 기회의 평등(equal opportunity) 등으로 나뉜다. 수량적 평등은 결과의 평등으로 불리는 것으로 모든 사람에게 그들의 욕구나 능력의 차이에는 관계없이 사회적 자원을 똑같이 분배하는 것을 말한다. 비례적 평등은 개인의 욕구, 능력, 노력, 공헌 등의 정도에 따라 사회적 자원을 상이하게 배분하는 것이며, 기회의 평등은 과정상 기회를 동일하게 부여하여 균등한 조건을 부여하는 것으로서 이 경우 결과의 불평등은 허용하는 특징을 지닌다. 체제상 사회주의적 시각에서는 수량적 평등을 중시하지만, 자본주의 사회에서는 비례적 평등이나 기회의 평등을 상대적으로 중요한 가치로 인식하고 있다(남기민, 2007:31).

3) 사회적 연대의식

사회적 연대의식은 사회구성원들이 상호 교류를 통해 의존하는 과정에서 사회에 대하여 가지고 있는 소속의식과 연대감을 의미한다. 일반적으로 잔여적 개념의 복지 시각에서는 구성원의 능력이나 경쟁을 용인하거나 개인의 문제로 인식하지만, 이들이 지나치게 강조되거나 핵심가치화할 경우 사회적 불평등, 경제적 갈등과 대립, 인간소외 현상을 유발하는 계기가 되기 때문에 종종 연대감이 떨어지는 결과를 가져온다. 따라서 사회구성원들이 사회문제에 부딪치거나 또는 위험지역에 빠지는 상황을 대비하기 위해 사회적 합의를 거쳐 제도적으로 대비함으로써 사회적 안정을 유도하는 효과를 얻게 된다. 예를 들어 사회적 약자들이 처하게 되는 빈곤, 질병, 노령, 산업재해, 실업 등이 이에 해당되며 국가가 제도적 차원에서 공공부조나 사회보험을 마련하여 이들 위험에 대비하여 사회적 연대의식을 확보함으로써 사회복지의 가치를 실현하는 것이다.

4) 생존권의 보장

인간답게 살아가는 권리를 의미한다. 1919년 독일 바이마르 헌법에 의해 생존권의 중요성과 개념이 제시된 이후 자본주의 체제에서 발생되는 각종의 사회문제, 빈부격차와 경제적 피폐에 따른 각종 개인과 가족의 문제 등에 대해서 국가는 국민이 인간답게 살 수 있도록 관련 서비스를 제공해야 한다는 것이 생존권의 핵심이다. 따라서 생존권 보장이란 빈곤, 교통사고, 질변, 재해 등으로 인하여 최저생활수준에 미달하거나 생계위협을 받는 사람들에게 생활비를 지급하여 인간다운 생활을 보장하는 의미이다(남기민, 2007:33). 인간다운 생활의 수준이란 노동력을 재생산할 수 있고 생산적 활동이 가능한 여건을 조성해 주는 수준을 의미한다. 단순히 최저생활 수준을 벗어나는 정도가 아니라 복지가 가진 목적에 부합하는 정도, 즉 생산적 활동이 가능한 수준 정도를 의미한다. 그러나 이들 수준을 규정하는 것은 국가와 경제, 사회적 합의가 전제되어야 하고 개인적 여건에 따라 가변적이며 상대적인 특성을 지니고 있다.

제 3 절 사회복지행정조직과 구성원의 역할

1. 조직의 역할

사회복지행정이 사회에 대하여 가지는 역할은 무엇인가?라는 질문을 던진다면 해답의 함축적 단어는 "사회적 정의"라고 표현한다.

사회복지행정은 사회에 대하여 다음 두 가지의 영향력을 지니고 있다(지은구, 2005: 202-204).

우선, 모든 사람들이 정당한 사회 경제적 혜택을 받을 수 있는 복지증진에 대한 영향력을 지니고 있다. 사회복지행정은 인간으로서의 존엄성과 모든 인간은 공평한 대우를 받아야 한다는 보편적 원칙에 의거하여 개인이 속한 사회 안에서 동등한 권리를 향유할 수 있다는 주장을 확보해 주어야 한다.

둘째, 보편적 인간으로서의 권리와 지위를 박탈당하거나 그러한 권리로부터 사회적으로 배제되어 있는 사회소외계층을 위해 차별적 분배를 위한 영향력을 지니고 있다. 이는 능력상의 차별과 기회 제공의 차별을 해소하기 위한 목적을 사회복지행정이 해결해야 한다. 우선 능력상의 차별인 경우에는 개개인이 지닌 능력이나 주어진 속성이 대등한 경쟁을 유도하지 못하는 경우 이를 해결해야 한다. 예를 들면 노약자나 유아, 정신적 미숙아들과 일반정상인이 동일한 대우를 적용받거나 또는 동일한 기회를 부여하는 등의 프로그램이 운영된다면 이는 사회적 정의에 위배되는 것이다. 둘째, 기회제공의 경우에는 사회적 약자와 정상적인 사람과 동등한 입장에서 경쟁을 하는 경우 불평등적 결과를 이미 예고하고 있는 것이기 때문에 사회적 정의를 확보하기 위하여 다양한 정책이나 프로그램을 통해 이를 해결해야 하는 역할을 수행한다.

따라서 사회복지행정은 사회적 정의실현을 위하여 공평한 분배와 차별적 분배를 유도해야 한다. 즉 모든 사람은 동등한 대우를 받아야 하는 공평한 분배가 준수되어야 하고, 개개인의 특성을 고려한 차별적 분배가 확보되어야 한다. 차별성에 기초하여 공평한 분배적 정의를 실현하는 방향으로 복지서비스를 클라이언트에게 전달해야 하는 사회복지행정의 역할은 개개인과 사회전체를 고려하는 양면적 시각 확보가 중요하다.

2. 구성원의 역할

Patti는 사회복지행정조직의 구성원들은 조직이 의도하는 성과를 생산하기 위해서 반드시 수행하여야 하는 임무에 대해서 지적하였는데, 이 중에서 외부환경과 교류과정에서 반드시 해야 할 사항들을 고려해 보자.

첫째, 사회복지행정가 또는 관리자는 도덕적 딜레마에 직면해 있지만 행정적 결정은 사회적 가치에 입각해서 이루어져야 하며 그 가치는 사회정의, 상호신뢰, 공평성 등이 될 수 있어야 한다.

둘째, 사회복지조직의 관리는 외부구성원들의 기대와 선호도에 영향을 주고 그들과 화합하고 갈등이 있을 때에는 해결을 위한 노력을 필요로 한다.

셋째, 사회복지행정가나 조직구성원은 사회적으로 차별적인 대접을 받는 집단들을 보호하고 이들을 위해 사회로부터 자원과 감정적 지지를 이끌어내야 한다.

넷째, 사회복지행정가는 클라이언트의 문제를 해결하기 위한 자원을 확보하고 동원하기 위해 다른 조직과 협력하여야 한다.

다섯째, 사회복지행정가와 구성원들은 지지자, 후원자, 직원들의 도덕적 사명감을 격려하고 고취하기 위해서 조직이나 프로그램이 추구하는 목적과 가치를 명확히 하여야 한다.

제 2 장

사회복지행정의 영역과 원리

제 1 절 사회복지행정조직의 영역

사회복지행정조직의 영역은 역할과 성격에 따라 크게 두 가지로 나뉜다. 첫째는 사회복지정책을 구체화하여 수요자에게 복지서비스를 제공하는 기술적 성격으로 이해하는 경우이며, 둘째는 복지서비스를 제공하는 기관의 활동을 관리하는 관리적 성격으로 이해하는 경우이다.

우선 기술적 성격으로 사회복지행정을 이해하는 경우는 복지정책의 관련활동이 사회적 서비스로 전환되고 그 과정에서 서비스를 필요로 하는 사람들에게 전달되도록 구체적인 활동을 하는 과정으로 인식한다. 이 경우 사회복지조직이 필요로 하는 조건과 환경을 조성하고 관련 자원을 제공하며 조직을 효율적으로 관리하는 방법을 포함한 제반 활동을 영역[1]으로 이해하고 있다. 따라서 매우 구체적으

1) Petti는 사회복지행정을 "조직의 목표 달성을 위해 관리담당자들이 활용하는 일련의 상호작용이며 의존적인 과업과 기증 및 관련 활동들로 구성된 체계적인 개입(intervention)활동"이라고 정의하고 있다. Skidmore도 "사회적 정책이 사회적 서비스로 전환되도록 사회적 과정을 활용하는 요원의 활동"이라고 정의한다.

로 서비스를 제공하는 실천론적 성격이 강하다. 반면에 관리적 성격으로 이해하는 경우에는 복지서비스를 제공하는 조직의 관리나 목표달성을 위한 자원관리에 중점을 두는 경우로서 구체적인 프로그램 운영을 위한 제반 관리과정을 행정영역[2]으로 이해하고 있다. 그러나 두 개념 모두 결과적으로 복지서비스를 대상자들에게 전달하고자 하는 활동에 공통적 목적을 지니고 있다는 점을 들어 개념적 구별의 차이를 모호하게 한다고 지적하는 경우도 있다.

제 2 절 사회복지행정서비스

사회복지행정은 수립된 사회복지정책을 보다 효과적으로 기획·실천·평가하도록 지원해 주는 사회복지의 중요한 방법 가운데 하나이며, 궁극적으로 사람들의 사회적 기능을 강화하는데 목적을 두고 있다. 이때 사용하는 사회적 기능이란 주로 사회복지행정의 중요요소인 휴먼서비스(human service)의 개념과 유사한 의미로 사용되고 있으며, 사회복지 및 의료·보건·교육·심리적 서비스와 연관된 중심적 위치를 차지하고 있다는 점이다(성규탁, 1993: 1-3).

휴먼서비스에 포함된 서비스의 공통적 기능은 "개인의 행동이나 속성, 사회적 지위를 규정하거나 변화시킴으로써 그 개인의 안녕을 유지하거나 증진시키는 것"이라고 볼 수 있다. 따라서 휴먼서비스를 제공하는 운영방식은 다른 조직의 서비스 운영방식과 다르게 독특함을 지니고 있어서 독자적인 가치와 실천방법이 필요하다. 휴먼서비스 특성에 대하여 다양한 연구가 있지만, 대표적으로 Austin과 Hasenfeld은 인간과 조직, 그리고 환경을 통해서 휴먼서비스의 의미

2) Titmus는 사회복지행정이란 "사회복지기관이나 시설의 행정과 구별되는 사회적 서비스 관리로서, 사회복지서비스 대상자들에게 서비스가 전달되도록 관련 문제들을 검토하는 것"이라고 정의하고 있다.

를 구체화하였다(김영종, 2007: 90-103).

1. 인간관

휴먼서비스의 요체는 인간이다. 휴먼서비스는 서비스의 대상이 물질, 제품이 아니라 사람을 대상으로 하고 있으며, 직·간접적으로 그들에게 영향력을 미치는 서비스를 전달하고 있으며 클라이언트가 서비스를 직접적으로 수급한다는 점에서 타 조직의 서비스와 구별된다.

휴먼서비스에 있어서 사람은 성과물을 만들어내기 위한 원재료(raw data)이며 아울러 결과물(output)이다. 일반적으로 사회복지행정을 담당하는 기관들은 휴먼서비스를 통해 서비스 대상이 되는 사람을 직접적으로 변화시키기 위해 사회로부터 위임받고 실행한다. 즉 사회의 안녕을 위한 목적을 달성하기 위하여 사회적으로 통용되는 기준에 따라 사람을 분류하고 유지하며 변화시키기 위해 노력하는 것이다. 이때 사용되는 기술은 인간분류기술, 인간유지기술, 인간변화기술 등을 통해 사용한다(Hasenfeld, 성규탁 역, 1985: 12-16).

그러나 사회복지행정에서 추구하는 휴먼서비스는 단순히 성과물을 만들어 내기 위한 기술로서의 서비스이기보다는 인간이 지닌 도덕적 본질을 중요시하는 가치로서의 서비스이다. 인간은 기본적으로 고귀함과 존재로서 인정받고 가치를 인정하는 도덕적 요소를 절대적으로 중요시한다. 따라서 사회복지서비스를 제공하는 조직이나 기관은 도덕적 본질을 존중해야 하며 이는 휴먼서비스 행정기술의 공통적 가치이다. 사회복지행정은 인간의 존재가치를 다루는 영역을 지니고 있기 때문에 단순히 물질이나 제품을 생산하기 위해 사용하는 기술과는 구별되어야 하는 것이다.

그렇다면 휴먼서비스를 제공하는 사회복지조직의 구성원들은 어떤 인간관과 시각을 지녀야 하는 것일까? 우선 이 질문이 강조되는 이유는 구성원들이 어떤 인간관을 지니고 기술을 제공하는가의 여부에 따라 제공되는 기술과 결과물이 다르게 나타나기 때문이다. 예를 들어 상담치료를 하는 상담사의 경우 수익성만을 고려한다면 클라이언트를 대하는 방식이 능률만을 강조할 것이며 이때 상담사가 바라보는 인간관은 경제적 관점에서 사람을 바라보았을 것이다. 반면에 클라이언트를 인간지향적이며 성숙한 존재로서 이해하고 관련 서비스를 제공하는 상담사라면 그는 수익성보다는 클라이언트의 발전성이나 변화에 초점을 두고 바라볼 것이다. 이처럼 서비스를 제공하는 구성원이 클라이언트에 대한 인식과 시각을 어떻게 형성하는가의 여부에 따라 제공되는 서비스에 차이를 가져온다. 따라서 가능한 휴먼서비스를 제공하는 사회복지행정의 경우에는 통합화되거나 융합적 관점을 가지는 인간관의 통일화가 필요하다. 물론 인간이기 때문에 스스로 인지하고 지각하는 부분에 따라 판단의 차이가 있을 수 있지만 통합화된 관점이 없을 때 발생되는 각양각색의 서비스차이가 오히려 서비스 제공에 혼선을 주기 때문에 가능한 통합화된 인간관의 확립이 필요하다. 그리고 그 기초에는 인간의 존엄성을 인정하고 도덕적 가치를 강조하는 인간관이 전제되어야 할 것이다.

2. 조직

휴먼서비스를 클라이언트에게 제공하기 위해서는 조직의 지원이 필요하다. 서비스 생산은 조직 활동과정에서 생산되는 것이고 이들 서비스는 관련 담당자와 클라이언트의 상호만남 과정에서 전달된다. 휴먼서비스의 제공은 대면적(face to face) 상호작용을 통해 진행되는데, 이때 상호작용은 서비스 전달과정의 핵심이 되며 서비스의 조직화의 대상이 되고 사회정책과 관련프로그램이 실행되는 접점(moment)의 장(field)이 된다. 그러나 이 접점의 장에서는 인간적 욕구에 대한 통합적 해결과 서비스 제공에 따른 조직 내 부문 간들의 협력과 조율이 필요하다. 특히 휴먼서비스는 사람을 대상으로 하는 기술을 제공하기 때문에 개인의 다양한 욕구를 수용해야 하지만 아울러 이와 관련된 장애요인이 사회복지행정 영역에서는 크게 고려되어야 한다.

무엇보다도 클라이언트의 욕구들을 유형화하고, 개별화된 서비스를 제공하기 위하여 관련 조직부서의 전문화 등이 동반되기 때문에 개인별 욕구에 대한 유형화와 서비스를 제공하는 조직의 연계성 확보 및 통합화가 필요하다.

1) 개인욕구의 유형화와 관리의 어려움

휴먼서비스는 개인의 욕구문제 해결을 중시한다. 문제의 출발은 항상 사람이 직면한 문제에서 출발한다. 사람이 지닌 문제는 개인의 주어진 상황에 따라 다르게 나타나기 때문에 완벽한 서비스로 문제를 해결하는 데는 한계가 있다. 즉 서비스 전달과정에서 클라이언트가 지닌 문제는 인간의 속성에 기반을 두기 때문에 종종 가변적 성향을 지니고 있어 대응에 한계가 있다.

특히 서비스 전달의 상당부분은 서비스를 제공하는 조직구성원과 클라이언트의 개인적 만남에서 진행된다. 이때 클라이언트가 지닌 문제해결을 위해 제공하는 기술이나 서비스가 일반화되고 유형화될수록 대응이 쉽지만, 반대로 개별적이고 비유형적으로 나타나는 경우에는 관리의 한계가 존재하기 마련이다. 아울러 휴먼서비스의 상당부분은 단순히 제공하는 입장의 노력만으로 성과가 나타나는 것이 아니라 서비스를 수여받는 클라이언트의 노력과 의지가 결합되어야 가능한 것이기 때문에 관리의 어려움이 있다.

2) 휴먼서비스와 융합화

보다 효과적으로 개인의 욕구를 해결하기 위해서는 개별화된 개인의 문제를 조직의 힘으로 해결해야 한다. 조직이 지닌 기능의 융합과 통합을 통해 문제를 해결해야 하며, 이를 위해서는 조직 부서 간의 상호연계성을 높이는 방안이 필요하다. 즉 전문성이 전제된 휴먼서비스를 바탕으로 독자적인 기능을 발휘하는 개별조직의 집합이 아니라 상호보완적인 기능이 연계되고 의존적인 조직망을 지니는 방식이 필요하다. Weiner는 이를 "초조직적이고도 상호교류적인 분야에서의 체계 확보"라고 정의하고 있다. 개인문제와 같이 개별적이고 비유형화된 문제를 해결하기 위해서는 조직적 대응이 긴밀하고 상호연계적인 방식으로 진행되어야만 가능하다는 의미이다. 따라서 전통적인 방식에 기초하여 부서 간 영역을 분명히 하고 부서의 독자적인 영역을 인정하며 분업과 개별적 경쟁을 통해 조직목표를 달성하는 기존의 조직운영체계는 휴먼서비스를 제공하는 사회복지조직에 적용하는데 한계가 있는 것이다.

따라서 휴먼서비스의 생산성을 높이기 위해서는 전문성과 기능의 융합을 통해 조직의 시너지를 확보하는 체제의 확보가 필요하다. 이울러 조직 외부환경에 대한 이해와 조직 내 각 요소들의 작용에 미치는 영향력 등을 평가하고 이를 연계하는 기반이 필요하다. 휴먼서비스는 어떤 한 영역의 전문성을 통해 문제를 해결하는 접근이 아니라 다양한 전문적 영역의 통합을 통해 한 개인의 문제를 해결하는 방식을 지니고 있기 때문에 사회복지행정조직의 특성으로 자리잡는 것이다.

3. 환경

사회복지조직의 경우 일반행정조직과 다르게 환경면에서 독특한 특성을 지니고 있다. 무엇보다도 서비스를 제공받는 클라이언트가 불완전한 속성을 지니고 있다는 것과 문제해결을 위해 사용하는 기술이 불확실성을 내포하고 있으며, 조직운영을 위해 필요한 자원이 안정적인 조건을 지니고 있지 못하다는 것이다. 대부분 사회적 약자들이 대상이 되는 경우가 많기 때문에 클라이언트들이 자발적으로 자신의 의지에 따라 의사결정을 하거나 판단하는데 한계가 있다. 따라서 공급자중심의 서비스가 제공되고 이 과정에서 이해관계자의 입장에 따라 각기 다른 입장이 표명되어 혼란스런 환경을 지니고 있다.

특히 사회복지조직은 다른 조직보다도 가치적 갈등이 심하다. 휴먼서비스는 개인의 욕구와 직면한 문제를 해결하는 것이기 때문에 개인적 가치가 작용한다. 아울러 클라이언트를 후원하는 이해집단(interest group)들은 각자 자신이 처한 위치와 욕구에 따라 목표와 이해하는 입장이 다를 수 있다. 예를 들어 차상위계층을 지원하는 프로그램을 운영하는 경우 당사자들에게는 좋은 정책이지만, 반대로 중산층이나 상위계층의 경우에는 이들 프로그램이 자신의 의욕을 반감시키는 효과로 나타날 수 있다. 즉 특정 복지 프로그램이 이해집단의 각기 다른 상이한 목표를 설정하고 추구한다면 동일한 서비스 결과를 두고서 각기 다른 관점에서 평가할 가능성이 항상 상존하는 것이며, 이들의 격차가 크다.

사회복지행정은 사회적으로 존재하는 가치적 요소들을 존중하고 해결하며 상반되는 경우에는 이를 조정해야 하는 역할을 지니고 있다. 아울러 이를 조율하고 통합하여 통합된 사회적 가치로 만들어야 한다. 따라서 통합적 가치를 만들어야 하는 과정들은 타 조직에서는 고려되지 않거나 일시적으로 고려되는 현상이지만 사회복지행정은 이를 필수적인 요소로 받아들여야 하는 입장이기 때문에 특수한 역할을 지니고 있다고 하겠다.

4. 원리

사회복지행정은 사회정책을 사회적 서비스로 전환시키는데 필요한 사회복지조직활동을 수행해야 한다. Skidmore(1995)는 사회복지행정을 사회정책을 사회적 서비스로 전환시키는 데는 나름대로의 원리가 필요하다고 주장하면서 사회복지조직에 필요한 원리로서 수용과 민주성, 그리고 열린 대화를 강조하였다(지은구, 2005: 35-37).

1) 수용의 원리이다. 조직구성원들이 상호간의 경우는 물론이고 클라이언트와의 관계에서 상호 교류과정에서 상대를 존중하고 상대의 의견을 수용하는 것이 필요하다. 이는 사회복지조직이 인간을 대상으로 하고 인간의 역량이 변화하는 과정에 따라 다양한 상황이 발생되기 때문에 사람중심의 원리를 필요로 하기 때문이다. 사람중심의 관계를 구성하고 인간의 가치를 중시하는 가치지향적 특성을 확보하기 위해서는 반드시 수용의 정신을 받아들이는 것이 효과적이다.

2) 민주적 방식을 통한 운영의 원리이다. 조직이 정책을 기획하고 형성하는 과정에서 조직구성원의 참여가 이루어진다면 보다 효과적인 업무 수행이 가능하다. 민주적 방식은 어느 조직에서나 필요한 요소이지만 복지서비스를 제공하는 기관에서 유독 중요한 이유는 서비스를 창출하고 제공하는 상당부분이 사회복지사를 포함한 조직내 구성원의 개인적 스킬이나 의지, 능력에 의해 성패가 좌우되기 때문이다. 따라서 정책을 입안하고 형성하여 집행하는 일련의 정책운영 과정에 구성원의 참여를 확보해 주고 이들의 의견을 존중하는 민주적 방식의 도입과 운영은 사회복지행정의 필수불가결한 운영원리 중 하나이다.

3) 열린 조직운영이다. 즉 의사소통이 자유로워야 한다는 의미이다. 의사소통을 활성화하여 구성원 모두가 언제든지 다른 직원들과 감정과 생각을 공유할 수 있고 그리고 신뢰를 바탕으로 활동해야 효과적인 조직운영이 가능하다. 쌍방 간에 교류가 자유로워질수록 업무절차나 정책의 효율성과 효과성의 발전을 위한 설득력 있는 방식이 창출될 수 있으며 이는 복지행정운영의 에너지원이 될 것이다.

제 3 절 사회복지행정과 타 영역의 비교

1. 일반 행정과 비교

사회복지행정은 사회복지와 행정의 두 개념이 결합된 의미를 지니고 있다. 이 의미는 단순히 해석할 경우 사회복지의 목적을 행정적 수단을 통해 추구한다는 것이다. 그러나 사회복지행정의 단어적 의미는 종종 가치와 지식을 사회복지의 목적에 둘 것인가, 아니면 행정의 방법 원리에 둘 것인가에 따라 논쟁의 여지가 있다(김영종, 2007: 87).

논쟁의 중요쟁점은 사회복지조직이 지닌 특성이 비영리조직 또는 영리조직을 지향하는가의 여부와 휴먼서비스와 관련 서비스가 사회복지행정의 실천적 가치와 지식에 어떤 영향을 주는가의 여부에 초점이 있다. 이들 논쟁의 초점은 사회복지행정의 수단이 되는 휴먼서비스에 대한 해석 때문이다. 즉 한쪽에서는 휴먼서비스를 제공하는 조직의 운영원칙은 일반행정조직의 운영원칙과 구별되는 특성이 존재하지 않는다는 시각이 있으며, 반대의 경우에는 휴먼서비스 조직이 추구하는 목적과 수단은 일반행정의 원리와 가치, 지식과 분리되어져 다루어야 한다는 시각이 있다.

우선, 조직운영에 큰 차이가 없고 유사성이 높다는 주장의 경우를 보면, 조직의 목표나 구조, 기술, 대상 등은 차이가 있을 수 있지만, 조직운영의 기술과 방법에서는 유사성을 지니고 있다는 것이다. 조직을 운영하기 위해 고려해야 하는 효율성이나 능률성은 어느 조직에서나 공통적인 것이며 이와 관련된 세부지침이나 관련 규정은 어디에서나 적용된다는 논리이다. 그러나 사회복지행정이 휴먼서비스를 다루는 영역임을 강조하는 입장에서는, 일반행정조직은 조직이 추구하는 성과나 결과를 중요시 여기지만 사회복지는 과정과 절차를 중요시하기 때문에 본질적인 가치추구에서 차이가 있다는 것을 강조한다. 즉 사회복지조직은 서비스의 가치와 목표가 일반행정조직과 다르게 운영된다는 것이다.

일반적으로 사회복지서비스는 기업이나 공공서비스와 다르게 운영되고 있으며, 사회복지가 추구하는 대상, 목표, 서비스 전달과정 등은 일반행정이 추구하는 방식과는 다르게 적용되어야만 하는 특수성을 지니고 있기 때문에 구별되어야 한다는 것이 일반적 지론이다(김영종, 2007: 87-89). 그 근거로서 클라이언트의 인간적·질적 측면이 조직의 투입요소이며 산출물이라는 점, 조직을 운영하는 과정에서 비영리적 추구목적에 대해 가치나 가격을 설정하는데 어려움이 있다는 점, 대인적 서비스 전달과정에 통제의 어려움이 있다는 점, 조직이 기대하는 생산자원의 상당부분이 외부에 존재하고 의존도가 높다는 점, 다양한 집단의 개입이 있어 통제가 쉽지 않다는 점, 인간변화를 추구하는 기술이 명확하지 않다는 점 등을 제시하고 있다. 따라서 사회복지조직도 하나의 조직체이기 때문에 다른 관료제 조직과 유사한 속성을 가지고 있지만, 추구하는 가치나 채택하는 패러다임에 따라 구별할 경우 일반행정과 사회복지조직이 추구하는 방식이 다르다(강용규 외, 2005: 16).

일반행정과 사회복지행정의 다른 점을 정리하면 다음과 같다.

첫째, 사회복지업무에서는 일반 행정에서 고려되는 능률성이나 경제성이라는 행정이념보다 형평성, 사회정의, 서비스의 효과성을 우선적으로 고려한다.

둘째, 일반 행정의 경우 대상이 사람과 제도적일 수 있으나, 사회복지행정의 경우 오직 사람만을 대상으로 하며, 인간을 이해할 수 있는 실천기술이 매우 중요한 부분을 차지한다. 즉, 인간관계적 기법을 기본원리로 하고 있다.

셋째, 사회복지행정의 대상이 되는 문제는 주로 사회문제이며, 도움을 필요로 하는 클라이언트의 욕구가 다양하기 때문에 사회복지행정이 추구하는 목표는 다양할 수밖에 없다. 그러나 일반 행정의 경우에는 추구하는 전략에 따라 목표를 단일화할 수 있는 의도적인 변화가 가능하다.

넷째, 사회복지행정은 이윤추구나 권력을 목적으로 하는 것이 아니라 욕구충족의 우선순위와 제한된 자원을 보다 효율적으로 배분하는 일련의 과정으로서 클라이언트, 지역사회 주민의 권리, 공공의 책임, 전문인력의 관리 등 포괄적인 영역을 포함한다. 그러나 일반 행정은 법규나 정책 기준 등에 영향을 받기 때문에 권력이나 정치적 작용에 큰 영향을 받는다.

2. 사회행정과 비교

일반적으로 사회복지행정과 사회행정은 둘 다 사회적 서비스의 전달을 다룬다는 점에서 같은 맥락으로 간주된다. 그러나 사회행정(social administration)을 사회복지행정과 동일하게 바라보는 시각이 있지만, 반면에 사회복지행정을 사회행정이라는 큰 범위에 포함되는 개념으로 바라보는 시각도 존재한다. 굳이 두 입장을 나눈다고 한다면 사회복지행정이 사회행정에 포함된다는 관점은 사회복지행정의 미시적 입장이고 사회복지행정을 사회행정과 동일시하는 입장은 거시적 입장이라고 볼 수 있다. 이러한 입장의 차이는 사회행정이 광범위한 의미에서 사회적 서비스의 전달에 관련된 행동을 다룬다는 것이고 사회복지행정은 좀더 구체적으로 사회복지서비스의 전달에 초점을 맞추고 있다는 차이점에 근거한다. 따라서 엄밀한 의미에서 본다면 사회행정과 사회복지행정은 사회적 서비스를 제공한다는 측면에서 동일한 의미를 갖는다고 볼 수 있다.

3. 관리와 비교

최근에는 행정에 효율성(efficiency)과 효과성(effectiveness)을 강조하면서 기업경영의 패러다임에서 자주 사용되는 관리(management)의 의미가 추가되었다. 일반적으로 관리는 효과적인 서비스전달을 어렵게 만드는 조건을 최소화하고 제거하기 위한 그리고 좋은 서비스의 전달을 위한 지원체계를 건설하기 위한 목적 하에 다양한 방법들을 사용한다. 관리는 생산성을 증가시키며, 관리는 조직의 기능을 더욱 효율적으로 만들기 위해 사용되며 그리고 이익을 최대화시키는 가능성을 증대시키기 위해서 사용된다.

따라서 사회복지행정과 일반관리는 분명한 차이점이 존재한다. 즉 사회복지행정이 조직 안에서 행정이나 관리의 공통 요소들을 제공할 뿐만 아니라 서비스, 가치, 사회문제에 대한 지식을 강조하지만, 일반기업경영에서는 사회문제에 대한 해결이나 사회적 가치 등을 강조하지 않으며 그들은 일반적으로 상품의 질과 이윤 그리고 생산성 등을 향상시키기 위해 효과적인 경영 또는 관리를 강조한다. 그리고 영리를 추구하는 기업이나 행정과 다르게 재화와 서비스 생산의 목적이 영리를 추구하지 않는 사회적 서비스를 지닌 사회복지행정의 경우에는 차이가 있다(지은구, 2005: 31-32).

제 3 편

사회복지조직의 구조

조직구조는 조직연구의 핵심요소이며 사람의 신체 중 뼈대에 해당한다. 조직은 목표달성을 위해 요구되는 직무와 직무를 수행하는 사람으로 구성되는데, 구조는 조직구성원들이 효과적으로 직무를 수행하도록 촉진시키거나 조정하는 역할을 수행한다. 구조는 환경과 밀접한 관계를 지니며 환경변화에 따라 직무를 분화하거나 통합하면서 변화한다.

본 편에서는 조직구조의 정의와 구성요소, 결정요인 및 운영원칙과 구조형태 등을 이해한다.

제 1 장

조직구조의 의의

제1절 조직구조의 정의

사람들은 공동의 목표달성을 위하여 조직을 형성하며 목표달성을 하는데 필요한 활동을 효과적으로 통제하기 위한 수단들을 검토하게 되는데, 이때 가장 대표적인 수단이 조직구조(organizational structure)이다.

조직구조에 대한 정의는 시각에 따라 다양하게 정의되지만, 일반적으로는 조직이 성취하고자 하는 목적을 위하여 필요한 행동이나 활동들이 체계적으로 이루어질 수 있도록 통제하는 틀이나 뼈대이며, 흔히 조직도(organizational chart)로 이미지화되어 떠올리게 된다. 조직구조는 조직의 성공적 활동을 위해 필요한 일과 부서, 직위와 권한관계 등을 안정적으로 엮은 틀이나 뼈대라고 할 수 있다(박경원 외, 2002: 46).

조직구조는 정태적요인과 동태적 요인으로 구별하여 정의할 수 있다(민진, 2004: 106).

첫째, 정태적 요인으로서의 구조이다. 조직구조를 업무나 권한체계로 이해하는 것으로서 "과업과 분화의 통합" "업무의 분화와 권한의 계서제" "조직의 구성요소를 논리적으로 배열하게 하는 업무, 권한, 책임의 계서제" "한 체계 내의 사람과 집단의 공식적 역할과 관계" 등으로 정의하는 경우의 시각이다.

둘째, 동태적 요인으로서의 구조이다. "조직구성원의 유형화된 교호작용(patterned interaction)" "목표달성을 위해 서로 협동하며 지속적으로 상호작용 하는 것"으로 구조를 정의하는 시각이다.

셋째, 정태적요인과 동태적 요인을 동시에 포용하여 조직구조를 정의하는 경우로서 "조직구조의 변수들, 복잡성, 공식성, 집권성이 배열되어 있는 조직내부의 동태적 현상"이라고 이해하는 시각이다.

정리하면, 조직구조는 분업과 통합의 기초 하에 조직활동들이 조정·통제되며, 의사소통을 통해 협조를 요구하거나 지원하는 수단이 된다. 따라서 조직구조는 업무의 분업과 조정을 용이하게 하는 정태적인 요인을 지니고 있으며, 조직목표에 따라 다양하고 역동적으로 변화하는 동태적 요인도 포함하고, 상황요인에 따라 다양한 조직구조 형태를 운영하는 가변적 특성을 지닌다고 하겠다.

제 2 절 조직구조의 중요성

조직구조는 조직구성원들의 상호작용에 일정한 질서나 유형이 생길 때 나타나는 현상으로, 조직을 구성하는 부문간의 확립된 관계의 유형이며, 조직 활동의 형태와 기준 및 조직부서간 조절방법 등을 규정한다. Scott는 조직을 구성하는 요소 중 "구조"는 조직이 기능하고 실천하기 위해 수행하는 활동과 체계, 책임성, 권위, 힘과 관련된 조직의 수준과 실제 업무를 배열하는 것을 포함하고 있다는 점을 강조하면서 구조의 중요성을 강조했다. 조직 내 많은 구성원들은 조직의 목표를 달성하기 위해 상호간에 관계를 체계화해야 하는데 구성원들 간의 체계를 만들어 나가는 과정에서 조직구조는 필연적으로 형성되며, 전체 조직체의 행동은 물론 조직의 성과도 구조의 영향을 받게 된다.

첫째, 조직구조는 업무집중과 책임 경로를 구체적으로 제시한다. 조직구조를 통해 구성원들은 수행해야 할 업무의 성격과 기술을 조직구조를 통해 확인하게 되며, 업무수행과 관련하여 부여된 권한과 책임, 지위 등의 수준 등을 나타낸다.

둘째, 관리감독의 범위와 영향력의 정도를 제시한다. 조직구조는 누가 업무를 수행하며 누가 감독하고 누가 지시하며 관리를 해야 하는가를 명확하게 나타내기 때문에, 이 과정에서 감독의 주체와 객체가 설정되고 감독범위(scope)가 나타난다. 아울러 조직 목적 수행과 관련하여 개인이나 부서가 대상들에 대하여 미치는 영향력의 정도를 객관적으로 보여주는 효과가 있어 조직 내 권력활용의 정도를 객관적으로 제시한다.

셋째, 업무수행과 관련된 사람들의 의사소통의 경로를 제시된다. 구조는 업무수행과 관련하여 누구의 도움과 지원을 필요로 하며 의사결정 과정에서 참여해야 할 사람들과 도움을 필요로 하는 사람들을 제시하기 때문에 관련 업무를 수행하는 과정에서 의사소통의 경로를 보여주게 된다.

제 2 장

조직구조의 구성

제 1 절　조직구조 형성요인

조직구조를 형성하는 요인은 크게 두 가지로 나뉜다. 하나는 역할과 지위이며, 다른 하나는 권한과 권력이다.

1. 역할과 지위

조직에서의 역할(role)이란 조직 내 구성원들간의 관계에서 어떤 위치를 차지하는 사람들이 해야 할 것으로 기대되는 행동이나 행위의 범주를 의미한다. 역할은 조직 내에서 일, 직무, 업무, 임무 및 기능이며, 업무속성에 따라 일정한 유사성과 규칙성 및 예측 가능성을 지니고 있으며, 합리적 규정과 절차에 따라 역할이 설정된다. 역할은 조직의 업무분장과 연계되어 있고, 수직적 개념으로 이해하면 상사와 부하의 관계로 해석되며, 수평적 개념으로 보면 일반직과 전문직으로 나뉜다.

한편, 지위(status)는 조직 속에서 개인이 차지하는 위치에 대한 상대적 가치(relative worth)를 의미한다. 지위는 계층화된 지위 체제 내에서 등급 또는 계급을 의미하며 계층제(hierarchy)상에 위치하는 지위(position)로 해석된다. 지위의 차이는 차등적인 보수와 편익, 조직이 부여하는 권한과 책임 등을 기초로 하고 있으며, 차등적인 지위에는 각각 크기에 상응한 상징(status symbol)이 부여되고 조직구성원의 상호작용에 큰 영향을 미친다.

2. 권한과 권력

권한(authority)이나 권력(power)은 조직구성원들이 유형화된 상호작용을 하기 위해 필요한 지배구조의 요소들인데, 권한은 조직의 규범에 의하여 그 정당성이 승인된 권력이라면, 권력은 개인 또는 조직단위의 행태를 좌우할 수 있는 능력이다. 권한은 권력의 일부분이며, 이들 관계는 조직 내 구성원간의 관계, 특히 상관과 부하의 수직적 관계에서 나타나며, 명령과 복종의 관계로서 설명된다.

제 2 절 조직구조 구성요인

조직은 업종과 목표, 규모 및 성격에 따라 구조를 달리한다. Weber가 계서제, 규칙 등의 관료제 운영을 제시한 이후 구조에 대한 관심이 높아졌으며, Pugh는 정형화된 절차나 문서철에 의한 행위의 표준화, 형식화의 정도를 의미하는 활동의 구조화, 의사결정과정의 참여도와 권한계층제의 정도를 의미하는 권한의 집중도, 계선 기관에 의한 통제 정도로서의 직무흐름에 대한 계선 통제, 주요 직무 흐름에 대한 비생산 보조기구의 수로 표시되는 지원요소의 상대적인 규모를 구성요소로 제시했으며, Fredrickson은 연구결과를 종합하여 공식화(formalization), 집권화(centralization) 및 복잡성(complexity)을 조직구성의 3대요소로 제시하였다. 이들 3대 요소는 조직형성의 외부적 측면과 밀접한 관계를 지니는데, 분화와 통합의 진화를 거치면서 조직의 기능적 측면에 영향을 준다.

1. 복잡성(complexity)

조직의 분화 정도(degree of differentiation)를 의미한다. 즉 조직이 하위단위로 세분화되는 과정이나 상태를 뜻하는데, 조직의 분화에는 단위 부서 사이의 횡적 분화의 정도를 나타내는 수평적 분화(horizontal differentiation)와 조직의 계층화 정도를 나타내는 수직적 분화(vertical differentiation), 장소적 분산(spatial dispersion) 등 세 가지가 있다. 이들 세 가지 요소의 수준이 높을수록 조직의 복잡성은 높아진다.

첫째, 수평적 분화이다. 조직이 수행하는 업무의 세분화 · 전문화를 뜻한다. 조직단위간의 분화, 분업의 원리에 따라 개인에게 할당되는 정도를 의미하는데, 분화는 직무와 개인능력과 밀접한 관계를 지니고 있다. 직무상 분화는 분업이라고 하는데, 직무가 전문화되면 능률을 확보하고, 고도의 개인적 기술적 역량 확보가 가능하게 되는 효과가 있다. 조직에서는 주로 부문화(depertmentalization)와 직무전문화(job specialization) 등의 현상으로 나타난다.

둘째, 수직적 분화이다. 조직구조의 깊이를 의미한다. 권한의 정도에 따라 최상층으로부터 최하층에 이르기까지 형성된 조직의 계층 정도를 의미하며, 조직의 통솔범위를 결정하는데 직접적 영향을 미친다. 즉 조직의 계층 수, 계서제의 깊이로 측정되며 조직 내 구성원의 직위와 권한정도와 연관성을 지닌다.

셋째, 장소적 분산이다. 특정 조직의 하위단위나 자원이 지역적 · 지리적 · 장소적으로 분산되어져 있는 것을 의미한다. 공간적으로 분산되어진 업무수행의 장소 개수, 시설, 인원수 등이 측정지표이다.

복잡성은 분업을 유도하며, 인간이 지닌 능력의 한계를 극복하는 유용한 수단이 된다. 특히 직무전문화를 통해 개인에게 업무분담을 시킴으로써 분업이익의 극대화와 비용을 줄일 수 있는 효과가 있지만, 복잡성이 높을수록 조정과 통합을 반드시 필요로 한다는 점을 유의해야 한다. 복잡성은 분업화와 연계되어 있기 때문에 업무의 기계화와 경직화를 유발할 가능성도 높게 존재한다. 복잡성의 정도를 분화와 연계시켜 정리하면 〈그림 3-1〉과 같이 정리된다.

〈그림 3-1〉 수직적 · 수평적 분화

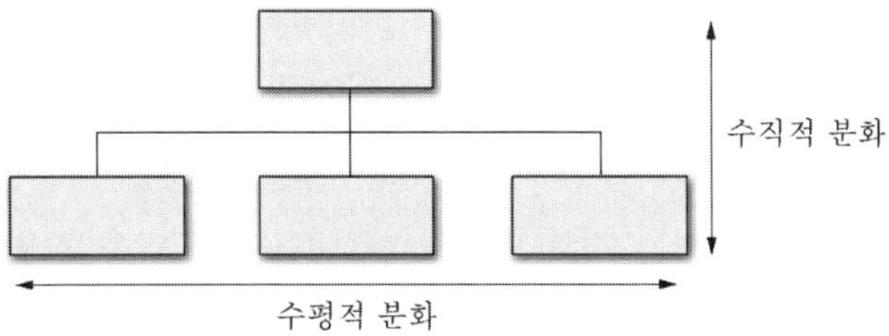

2. 공식화(formalization)

공식화란 누가, 언제, 어떻게 과업을 수행해야 하는가를 구체적으로 지시하는 규칙과 규정의 정도를 일컫는다. 반드시 규정과 규칙으로 문서화되어 있을 필요는 없으며, 규범이나 표준적인 요령 등을 통해 구성원간에 공유화되고 약속된 행위로서 구속하게 되면 효력을 지니게 된다. 따라서 공식화는 조직의 구성원이 해야 할 일을 규정하고 있는 직무의 명세화 정도를 말한다. 직무가 자세하고 구체적으로 규정되어 있는 정도가 높으면 그 조직은 공식화의 수준이 높다고 한다.

공식화가 높다는 것은 조직의 표준화가 잘 정비되어 있음을 의미한다. 즉 공식화는 "무슨 일을 해야 하는가"에 관한 것이라면 표준화는 '어떻게' 해야 하는가에 관한 것을 언급하는 것이고 "비슷한 일은 같은 방식으로 처리하는 정도"를 말한다. 조직은 공식화를 통해서 종업원의 행동을 규제하고 표준화된 절차에 따라 목표 달성의 방향으로 나아가게 된다. 공식화는 집단을 고도로 조정하기 위한 방편으로 많이 사용되고 있으며, 공식화의 정도가 높으면 높을수록 조직구성원들의 행동은 더욱 규제된다(Robbins, 1990). 조직활동을 표준절차(SOP: standard operational procedure)를 통해 운영함으로써 운영비용을 줄이는 효과가 있어 조직들은 선호하지만, 반대로 조직구성원들의 행동을 규제하여 최소의 비용으로 가장 효과적인 성과를 올리기 위해 구성원의 활동을 제약하거나 직무활동을 매우 구체적으로 규정하게 되어 관리자의 재량범위가 축소되고 조직변화에 따른 대응능력이 떨어져 관료주의적이고 비인간적이라는 비판을 받기도 한다. 따라서 공식화가 높은 직무는 재량권을 행사할 가능성이 거의 없는 주로 단순하고 직무수준이 낮은 경우에 적합하다.

3. 집권화(centralization)

집권화는 조직 내 권한의 배분과 관련되어 있기 때문에 조직의 구조적 특성을 파악하는 데 가장 용이한 지표이다. 집권화는 결정권한의 위치와 깊게 관련되어 있으며, 공식적인 의사결정 권한이 집중되어 있는 정도를 나타낸다.

집권화는 조직 내에서 의사결정의 권한이 특정 사람, 계층, 집단에 집중되거나 위임된 정도로 집권화의 정도를 측정할 수 있다. 예를 들어 최고경영층이 하위계층으로부터 어떠한 조언도 듣지 않고서 조직의 주요 의사결정을 내릴 수 있는 권한이 부여되었다면 이 조직은 전형적으로 집권화된 조직이다. 반대로 하위 계층의 관리자들에게 조직이 주요 의사결정에 많이 참여할 수 있는 권한을 줄뿐만 아니라 자신의 업무와 관련된 의사결정에 대한 폭넓은 재량권이 주어져 있으면 분권화된 조직이다. 아울러 집권화의 개념은 장소적 분산의 개념과 관련되어 있다. 대부분 장소적 분산의 정도가 높은 조직일수록 분권화되어 있다. 다시 말해서 장소적 분산의 정도가 높은 조직이 분권화되어 있는 경향이 많다. 예를 들어 국가운영의 경우를 보면, 장소적 측면에서 분권화되어 있으면 지방분권이 되고 그 반대의 경우는 중앙집권이 되는 것이다.

한편 집권화의 강도는 조직전체, 개인 간의 문제, 조직단위간의 문제, 계층 간, 그리고 기능간의 문제로서 다루어질 수 있는 가능성이 있다. 집권화가 강화되면 상대적으로 효율성을 확보할 수 있지만, 반대로 집권화의 약화는 조직운영의 비능률을 초래할 가능성도 있다. 조직을 운영하는 최고관리자층에서 조직운영의 가치와 기준을 어디에 두는가에 따라 집권화의 정도가 결정되는 경우가 일반적이다. 예를 들어 정보수집의 한계, 리더 능력의 한계, 과다한 정보량에 대한 통제 불능이 제기되며 신속한 행동과 구성원의 참여 요구 등이 제시될 경우, 집권화의 장점은 사라지며 반대로 분권화의 요구는 증대된다. 따라서 집권화와 분권화는 조직이 처한 상황요인을 고려해서 집권과 분권의 수준을 정하는 것이 이상적이며 조직 내에서 이들 두 요소의 균형을 취하는 방식이 권장되고 있다.

집권화의 가치를 중심으로 집권화의 당위성을 찾아보면 다음과 같다. 첫째, 상급관리층이 강력한 리더십을 갖고 있거나 하위층의 능력이나 자질이 부족할 때는 분권화보다는 집권화가 바람직하다. 둘째, 통일성이 요구되는 업무나 중요한 업무는 집권화를 필요로 한다. 셋째, 조직의 규모가 작거나 조직의 역사가 짧을 때일수록 집권화가 효과적이다. 넷째, 조직이 위기나 난국에 처하거나 환경변화가 극심할 때일수록 집권화가 바람직하다.

4. 집권화와 복잡성 · 공식화의 관계

집권화를 중심으로 복잡성과 공식화의 상호관계를 분석하면 다음과 같은 조직구조의 현상이 나타난다.

1) 집권화와 복잡성

집권화와 복잡성은 상호간에 부(-)의 관계를 지닌다. 복잡성은 분권화를 의미하는데 복잡성의 수준이 높을수록 분권화가 진행된다. 예를 들어 조직 내 전문가 운영의 필요성이 증대되면 전문가를 운영하는데 필요한 권한 위임이 증대되고 구성원의 참여를 통해 조직성과를 창출하게 되기 때문에 결과적으로 분권화된 조직구조를 지니게 된다. 따라서 복잡성이 높아지면 분권화가 증대되며 낮은 집권화의 수준을 지니게 된다.

2) 집권화와 공식화

집권화와 공식화는 상황에 따라 정(+), 또는 부(-)의 관계를 지닌다. 일반적으로 공식화의 정도가 높은 조직은 구성원의 행태를 규제하기 위한 규칙이나 과정을 필요로 하기 때문에 공식화와 권한의 집중도는 정(+)의 관계를 지닌다. 특히 구성원의 업무가 비전문화되어 있거나 비숙련화된 경우에는 그 정도가 더하다.

그러나 공식화의 수준이 높더라도 분권화된 경우도 있다. 전문직 집단의 경우 개인업무를 표준화하여 객관화된 자료를 만들고 이를 활용하여 운영할 경우 결과에 대한 예측 가능성과 통제가능성을 높일 수 있다면 업무의 공식화 수준은 높아지지만 분권화가 가능하기도 하다. 예를 들어 사회복지사들이 자신의 전문적 업무에 대하여 업무메뉴얼화하여 이를 활용한다면 업무면에서는 전문가 기술을 이용하기 때문에 분권화가 진행되지만, 사회복지사들의 행동이나 서비스 등은 일정한 수준을 유지하기 때문에 전문직일지라고 공식화 정도는 높일 수 있는 것이다.

제 3 장

조직구조의 결정요인

제 1 절 개 요

조직구조를 결정하는 요인들은 주로 조직을 둘러싼 상황요인들이며 이를 상황변수 또는 결정요인이라 칭한다. 이들 결정요인들은 조직구조 설계와 운영에 영향을 미치는 요인으로 작용하는데, 이들 요인에는 조직환경, 전략, 기술, 규모 등이 있다.

제 2 절 결정요인

1. 조직환경

1) 정의

조직환경(organizational environment)은 "조직 경계밖에 존재하는 모든 것(everything outside an organizational boundaries)"이다. 이

때 "모든 것"이란 의미는 조직을 둘러싸고 있는 자원을 의미하는데, 이들 자원에는 제품이나 서비스 생산에 필요한 원자재나 숙련된 노동자, 정보, 외부이해관계자의 지원, 소비자 등이 해당된다.

조직환경은 크게 일반환경(general environment)과 과업환경(task environment)으로 나뉘는데, 일반환경은 모든 조직을 둘러싼 일반적 자원을 의미한다면, 과업환경은 조직전략 수립이나 목표달성에 직접적인 영향을 미치는 자원을 의미하며, 대부분 과업환경이 조직에 직접적 영향을 미친다. 그러나 과업환경은 조직이 선택한 활동영역에 따라 변동이 심하며 조직성격과 활동시기에 따라 구성요인이 다르게 나타나기도 한다.

2) 조직환경의 중요성

조직이 환경을 중요하게 인식하는 이유는 현대적 조직이론이 환경과 상호작용하는 관점에서 환경을 이해하기 때문이다. 조직은 환경에 의존(dependency)하기 때문에 조직구조에 영향을 미치며, 환경성격이 동태적(dynamic)일수록 의존성을 높아진다. 조직이 환경과의 관계에서 불확실성(uncertainly)이 증대되면 조직 대응이 실패할 확률이 높아지며 그에 따라 효과적으로 대응하기 위한 관련비용이 증가된다. 이때 불확실성의 정도는 환경의 "복잡성" "동태성" "자원의 풍부성"에 의해 결정되며 환경이 더 복잡해지고 불안정해지며 목표달성에 필요한 자원이 불충분해질수록 불확실성의 정도는 높아진다. 따라서 조직은 가능한 조직을 둘러싼 환경을 관리하여 확실성을 증대시키기 위한 관련비용을 지출해야 하고 그 지출비용을 낮추기 위해서 환경을 중요하게 인식하고 있다.

3) 조직환경과 조직결정요인의 관계

첫째, 복잡성과 환경과의 관계이다. 환경의 불확실성이 높아지면 조직구조의 복잡성도 높아지는 정(+)의 관계이다. 그 이유는 불확실한 환경 속에서 조직이 안정적으로 운영되기 위해서는 환경에 대한 탐색과 효과적 대응이 필요한데 조직구조가 분화될수록 환경변화 탐지기능이 강화되기 때문이다.

둘째, 환경과 공식화의 경우 일반적으로 부(-)의 관계를 지닌다. 환경이 안정적일수록 신속한 대응의 필요성은 낮아지기 마련이다. 그러나 환경이 동태적이고 불안정하면 경영자들은 공식화의 수준을 높여 해결하려는 성향도 있다. 따라서 환경과 공식화의 관계는 환경특성여부에 따라 정(+)의 관계도 지닐 수 있다.

셋째, 환경과 집권화의 경우 일반적 현상은 환경이 복잡할수록 조직은 분권화를 선호한다. 조직의 과업환경을 구성하는 요소들이 많아질수록 환경의 불확실성은 높아지며 이때 조직은 분권화를 시도하게 된다. 그러나 환경이 안정적이더라도 환경에 대한 대응방식이 선별적이고 가변적인 특성을 요구한다면 분권화의 필요성도 제기된다. 예를 들어 사회복지조직을 둘러싼 환경들의 예측가능성이 높더라도 고객들에게 제공하는 서비스가 차별화되고 선별적으로 제공되어야 한다면 조직구조는 분권화된 구조를 지니는 것이 효과적이다.

2. 전략

1) 정의

전략(strategy)은 조직이 설정한 목적이나 목표를 달성하기 위한 수단과 관련된 기본적 방침이며 계획이다. 전략은 미래지향적 관점을 지니며 환경변화에 대한 대응과 밀접한 관계를 지닌다. 조직은 전략적 선택에 따라 성취해야 할 목적, 환경에 대한 대응방식, 목표달성에 대한 자원배분을 결정하게 된다.

2) 전략과 구조와의 관계

조직구조와 전략은 밀접한 상호관계를 지닌다. Chander는 “조직구조는 전략에 뒤따른다(structure follows strategy)"고 주장했으며, Child도 "기업가의 전략적 결정이 조직구조를 결정한다"고 제시하여 전략이 조직구조에 영향을 준다고 주장했다. 이는 조직전략이 효과를 발휘하기 위해서는 조직구조가 전략유형에 따라 변화되어야 한다는 의미한다.

3) 전략유형과 구성요인과의 관계

조직구조는 조직구성원들이 협력하여 일을 하도록 도와주며, 조직의 구성요소들이 목표달성을 하도록 촉진과 조정역할을 한다. 이때 전략과 구조를 연결시키기 위한 의도적인 조직화 노력과 활동이 동반되어야 조직이 달성하고자 하는 목표를 달성할 수 있다.

이를 뒷받침하는 연구는 Miles와 Snow의 연구(1978)로서 조직이 그들의 제품이나 시장을 변화시키는 비율을 토대로 조직유형을 방어형・탐색형・분석형・반응형으로 구별하여 전략과 구조와의 관계를 정리하였다.

첫째, 방어형(defender)전략은 좁은 활동영역 내에서 한정된 제품을 생산・판매하여 경쟁자들이 자신의 활동영역으로 들어오지 못하도록 적극적으로 경계활동을 하며 외부활동영역에는 큰 관심을 두지 않는다.

둘째, 탐색형(prospector) 전략은 공격적이며 새로운 제품과 기회를 찾는데 관심을 가지며 조직발전을 위해 외부환경변화에 비중을 둔다.

셋째, 분석형(analyzer)전략은 위험을 극소화하고 기회를 극대화하여 이익을 창출하고자 하는 이중적 목표를 지니고 있다. 즉 조직을 안정적으로 이끌기 위하여 표준화, 일상화, 기계화 수준을 높여 효율성을 추구하는 구조설계를 선호하지만, 반대로 변화에 적응하기 쉽도록 조직유연성을 확보하는 구조설계에도 관심을 가진다.

넷째, 반응형(reactor)전략으로서 조직이 의도하거나 추진력을 가지고 행동하기보다는 환경과 전략이 불일치하여 환경변화 메커니즘이 결여된 상태에서 수동적 내지는 소극적 활동을 하는 경우이다.

이들 전략들과 조직구조의 구성요소들의 연계성을 정리해 보면, 방어형은 안정적이고 효율적인 목표달성을 위해 폐쇄적인 조직을 선호하기 때문에 높은 집권화와 높은 공식화, 강력한 집권화를 선호하지만, 탐색형은 환경변화에 신속한 적응을 필요로 하고 이질적인 업무수행을 촉진하기 위해 개방적이고 탄력적인 조직을 필요로 하며 이를 위해 분권화, 낮은 공식화와 분업화를 필요로 한다. 반면 분석형은 안정성과 유연성을 모두 확보하기 위하여 전체적으로 이들 요소들을 중간정도 수준에서 유지하려는 성향을 지닌다. 이를 정리한 내용은 〈표 3-1〉과 같다.

〈표 3-1〉 Miles와 Snow의 전략유형과 조직구성요소들과의 관계

구분	복잡성	공식화	집권화
방어형	높음	높음	높음
탐색형	낮음	낮음	낮음
분석형	중간	중간	중간

출처: 박경원 외(2002:161)

3. 기술

1) 정의

조직은 생존발전을 위해 고객이 필요로 하는 제품이나 서비스를 산출해야 한다. 산출을 위해서는 투입물을 제품이나 서비스로 전환해야 하는데 이때 사용하는 기술(skill)이 조직구조에 영향을 미친다.

기술(technology)은 조직이 성과물을 환경에 산출하기 위하여 투입요소를 변형・가공하기 위해 사용하는 부분이다. 조직은 성과물을 통해 조직의 존재 이유와 생존을 확보할 수 있기 때문에 조직이 보유하는 기술은 조직운영에 필수적이다. 따라서 기술이란 "조직 내에

서 투입물을 산출물로 전환시키는 과정이나 방법"이라고 정의한다(양창삼, 1994).

일반적으로 기술은 속성상 시설이나 설비, 재료 등의 하드웨어(hardware) 요소와 인간이 지닌 지식이나 스킬 등의 소프트웨어(software) 요소로 나뉜다. Savage는 기술을 구성하는 요소를 재료, 변형과정, 변형지식 등으로 나누었으며, Noble은 특정한 관심과 목적을 가진 다양한 활동을 추구하는 개인이라고 보았다. 기술에는 지식, 기법, 원자재, 기계 등이 포함되며, 투입물을 산출물로 변화시키는 기술 과정이나 방법들이 일상화의 정도(degree of routineness)에 따라 일상적 기술과 비일상적 기술로 구별된다.

일상적 기술(routine technology)은 과업의 종류가 적으며, 작업 중 문제가 발생되는 경우도 적고 문제가 발생되더라도 대응하기가 용이한 기술인 경우가 많다. 따라서 자동화되어 있고 표준화된 업무들이 이들 기술에 해당되며 주로 대량생산을 하는 업종이나 일상적인 업무가 주류인 경우에 요구되는 기술이 이에 해당된다. 반면에 비일상적 기술(non-routine technology)은 소량생산이거나 비정형화된 과업이 중심이고 특히 사용되는 기술이 일정한 결과수준을 유지하지 못하거나 과업의 다양성이 많으면서도 문제발생시 해결 가능성이 높지 않은 개별적 특성이 강한 기술이다.

이들 내용을 정리하면 〈그림 3-2〉와 같다.

〈그림 3-2〉 일상적 기술과 비일상적 기술의 연속성

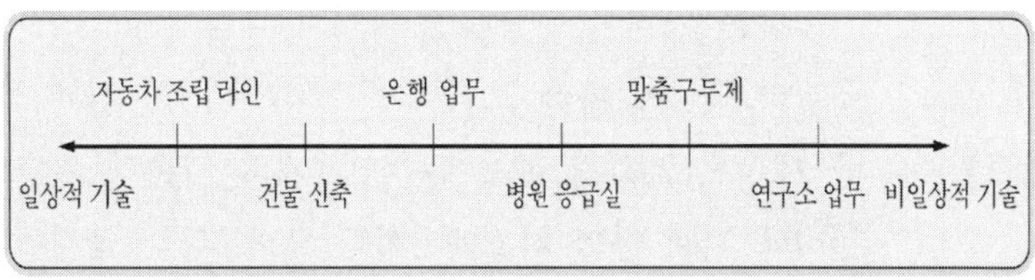

출처 : 양창삼(1994:329)

2) 기술과 조직구조의 관계

첫째, 기술과 복잡성과의 관계이다. 일상적 기술은 낮은 복잡성과 정(+)의 관계이다. 일상적일수록 통제범위가 넓어지며 직군(occupational group)의 수가 적어지고 비숙련공에 의해 운영되기 때문에 복잡성의 정도가 낮아진다. 그러나 비일상적일수록 기술이 정교해지고 고객요구에 부합해야 되기 때문에 통제범위는 좁아지고 수직적 분화가 증대된다.

둘째, 기술과 공식화의 관계이다. 일상적 기술은 공식화와 정(+)의 관계를 지닌다. 일상적 기술일수록 작업규칙, 직무기술서 활용, 직무기술서 내용의 상세화가 명료하게 정의되어 있고 직무가 반복적이며 업무 성과 결과가 예측 가능하기 때문에 공식화의 정도가 높다. 그러나 비일상적일수록 자유재량 범위가 넓어야 하고 유연성과 신축성이 필요하기 때문에 공식화의 정도는 낮다.

셋째, 기술과 집권화의 경우이다. 일반적으로 일상적 기술은 집권화를 유도하고 비일상적 기술은 분권화를 유도하지만, 이는 "공식화"의 정도에 따라 조절된다(Hage & Aiken, 1967). 이유는 집권화의 목적이 주로 조직의 통제기제(control mechanism)를 통해 통제를 목적으로 하기 때문에 공식화가 낮은 경우에는 일상적 기술이 집권화와 연계되지만 반대로 공식화가 높은 경우에는 분권화와 연계되도록 유도된다.

3) 사회복지조직의 기술

기술은 조직이 추구하는 목적과 대상에 따라 결정되기 마련이며 조직의 특성에 따라 그 성격을 달리한다. 사회복지조직의 경우 인간을 대상으로 하기 때문에 생산체계의 기술적 필수요인에 해당하는 설비나 기계 등의 하드웨어적인 요소보다는 복지서비스를 제공하는 사람들의 교류과정에서 나타나는 심리적 의도, 해석, 행동 등과 연계된 인간관계적 성격을 지닌 소프트웨어적 기술들이 중요하게 다루어진다. Hasenfeld(성규탁 역, 1985: 165-166)는 사회복지조직은 조직의 원료(raw material)가 도덕적 가치를 지닌 인간을 포함하고 있고, 인간들의 상호작용을 통해 이해되어야 하기 때문에 효과적인 하드웨어 기술도 중요하지만 사회복지조직에서 사용되는 인간봉사 기술이 이들보다 더 중요한 기술임을 강조하였다.

사회복지기술은 대상과 조직이 추구하는 목적의 특성상 복잡하고 다양하게 구성되어 있기 때문에 서비스를 제공하는 접점이나 복지조직을 운영하고 관리하는 입장에서 필요로 하는 기술은 상이하다. 그러나 사회복지기술이 사용되는 현실적 상황은 클라이언트와 사회복지서비스를 제공하는 관련 구성원의 역할 수행과정에서 활용될 가능성이 높다. 이에 따라 Hasenfeld(1983: 196-203)는 Hickson, Pugh, Pheysey이 주장한 작동기술, 재료기술, 지식기술을 토대로 클라이언트와의 대면적 상호작용과 클라이언트 통제 기술을 추가로 포함하여 인간봉사조직이 가져야 할 특성을 다섯 가지로 제시하였다(지은구, 2007: 295-305).

(1) 클라이언트 속성 기술

서비스를 받는 클라이언트의 문제점이나 욕구 등을 고려하는 것을 의미한다. 서비스를 제공하는 과정에서 클라이언트가 가지고 있는 개인적 배경과 관련된 속성(attributes)들을 올바로 이해하고 대응함으로써 클라이언트의 변화나 변형을 유도하는 것이다. 이와 관련한 세부적 기술 속성을 검토하면 다음과 같다.

첫째, 클라이언트의 개인적 배경에 대한 조직의 관심정도이다. 클라이언트 입장에서는 서비스를 제공하는 조직 구성원(사회복지사나 또는 관련 직원들)이 자신의 개인적 배경이나 특성, 욕구 등을 이해하고 관심을 가져줌으로써 기대감을 갖게 되고 이는 결과적으로 사회복지조직이 진행하는 방향으로 순응하고 협조하는 효과를 가져오게 된다.

둘째, 클라이언트 속성의 변화정도이다. 클라이언트의 문제나 욕구를 고려해서 제공되는 서비스 기술에 변화를 두어야 한다는 의미이다. 클라이언트가 해결하고 싶은 문제나 요구들의 속성들을 고려해서 사회복지조직이 제공하는 서비스에 차이가 있어야 한다는 것이다. 예를 들어 클라이언트의 속성이 변화가 심하고 예측성이 덜어지는 경우라면 그에 따라 서비스 제공절차나 기술도 개별화되고 대응력 중심의 기술이 제공되어야 한다.

셋째, 클라이언트의 안정성이다. 이는 서비스가 제공되는 기간동안에 클라이언트의 속성이 어떻게 변화되는가를 측정하는 것으로서 제공해야 하는 서비스의 수준이나 강도 그리고 종류를 결정하는데 중요한 의미를 지닌다. 예를 들어 클라이언트와 사회복지사의 관계에서 클라이언트의 속성이 변동이 심하게 되면 그에 따라 사회복지조직의 서비스도 수정을 가하게 되기 때문에 서비스를 제공하는 기간 동안 클라이언트에게서 나타나는 변화 측정 정도는 중요한 의미를 지닌다.

(2) 지식기술

클라이언트의 변화를 유도하기 위한 개입기술과 이와 관련되는 지식이 이에 해당된다.

우선 유도를 목적으로 사용하는 개입기술의 경우, Hasenfeld는 인간봉사조직에서는 크게 네 가지로 나뉜다고 보고 있다. 첫째, 클라이언트의 생태적, 경제적, 사회적 환경을 조성하는 환경적 기술이 있고, 둘째, 클라이언트의 생물 물리적 속성을 조정하는 생물물리학적 기술이 있으며, 셋째, 클라이언트의 지각과 인지를 조정하는 인지적 기술이 있으며, 넷째, 클라이언트의 감정과 느낌, 태도를 조율하는 감정적 기술이 있다.

다음으로는 관련서비스 제공과 이에 관련된 지식들의 효과를 다루는 인과관계 영역이다. Thompson은 조직이 서비스를 제공하는 지식이나 기술은 불완전하다는 가정을 제시하였는데, 이는 서비스를 제공하는 입장에서 완벽한 지식과 기술을 가지고 기대하는 완벽한 결과를 창출하고 싶지만 실제로는 불완전한 결과를 가져오거나 또는 많은 활동들이 탐색이나 실험, 통찰 등의 방법으로 이루어지는 경우가 있을 수 있기 때문이다.

따라서 현장에서 개입기술을 통해 얻은 결과가 불확실할수록 클라이언트와 사회복지요원들 상호간에 신뢰와 협조를 바탕으로 공동노력의 필요성이 더욱 증대된다고 하겠다.

(3) 상호작용기술

사회복지조직이 사용하는 개입기술의 상당부분은 사회복지요원들과 클라이언트의 대면적 상호작용을 통해 이루어진다. 따라서 조직은 적절한 상호작용양식을 규정하고 구조화하는데 필요한 절차와 기술을 제정해야 하는데 이를 상호작용기술이라고 한다. 이 기술에는 상호작용을 위한 매개체(수단), 유형, 방식으로 나뉜다.

첫째, 상호작용을 위한 매개체(수단)의 경우이다. 상호작용을 위해 필요로 하는 대인관계 수단이나 개인적 수단을 통해서 진행하는 경우를 의미하는 것으로서, 이들 유형은 의료검진 설비나 전산시설 등 장비에 의한 수단, 수혜자의 자격심사나 시험 등과 같은 정보처리를 통한 수단, 교육이나 심리치료와 같은 의도적 대인관계 등이 이에 해당된다.

둘째, 개입되는 수준에 따라 사회복지요원과 클라이언트 사이에서 설정되는 역할과 권력의 정도에 따라 상호작용 유형이 결정되는데 이들 유형은 수동과 능동, 지도와 협조, 상호 참여 등의 유형으로 나눠진다. ① 수동과 능동의 경우는 클라이언트와 서비스를 제공하는 사회복지조직사이에서 클라이언트가 수동적으로 입장을 취하고 반대로 사회복지조직이 능동적으로 입장을 취하는 경우이며 ② 지도와 협조의 경우는 사회복지조직이 클라이언트를 지도하고 클라이언트는 이에 협조하는 유형을 의미하며 ③ 상호참여는 참여자 모두가 상호책임을 가지고 능동적으로 참여하여 미래의 방향을 결정하고 정보제공과 자문에 참여하는 경우의 유형이다.

셋째, 상호작용 방식으로서 참여자 상호간에 정보 흐름을 구성하는 의사전달 구조망(net)을 의미한다. 크게 개인 → 개인의 구조망, 개인 → 집단의 구조망, 집단 → 개인의 구조망, 집단 → 집단의 구조망 등으로 나뉘며, 정보유통의 방향에 따라 보다 세부적으로 분화되고 진화된다.

(4) 클라이언트 통제기술

통제기술은 사회복지요원이 클라이언트에 대하여 사용하는 개입기술이 의도한 목적을 달성하지 못하거나 또는 효과가 무효화되거나 손상되는 것을 막기 위해 사용하는 기술로서 클라이언트에게보다 효과적으로 영향력을 행사할 수 있도록 하는데 초점을 두고 있다. Gamson(1968)의 연구결과에 따르면 직접적으로 개입하는 방식과 그에 따른 통제효과를 비교분석한 결과 약속이나 위협 등의 직접적인 개입방식이 강화통제 방식의 결과를 가져왔으며, 그 반대의 경우인 위협이나 정보제공 등의 경우는 정보통제 등의 효과를 가져온 것으로 나타났다(지은구, 2007: 302-303).

(5) 작동기술

작동기술(operations technology)은 서비스 기술이 필요로 하는 활동들을 조직하고 이들의 순서를 정하는 것이다. 일반적으로 조직에서 기술은 추진하는 업무의 과정이나 절차들의 의존정도를 의미하는데, 의존정도는 크게 네 가지로 구별된다.

첫째, 완전한 독립성을 지닌 경우로서 어떤 활동도 타 활동에 영향을 미치지 않으며 업무적으로 중복이 없고 각각 독립적 성격을 지닌 경우이다. 둘째, 연속적인 경우로서 해당되는 업무의 진행과정이 타 업무의 종결에 영향을 직접적으로 미치는 경우이다. 셋째, 상호작용의 경우로서 해당 업무가 타 업무의 영역에 의해 영향을 받게 되어 상호간에 영향을 미치는 경우이다. 넷째, 집단적인 경우로서 상호간에 영향을 미치면서도 동시에 참여해야 종결이 되는 경우이다.

이들 기술은 사회복지조직이 수행하는 업무에 대하여 작업과정을 결정하고 수행과정의 협력 네트워크를 결정하는데 영향을 미치는 것으로 파악된다.

4. 조직규모

1) 의의

조직규모(organizational size)는 "조직 구성원의 총 인원수"를 의미한다. 조직구성원의 수는 다른 요인들보다도 조직구조에 직접적인 영향을 미치는데 이는 구성원들간의 상호작용에서 파생되는 활동이 구조에 큰 영향을 미치기 때문이다.

Blau, Meyer 및 Aston Group은 조직규모 증대는 전문화와 공식화에 영향을 미친다고 보고 있으며, Hall은 조직구조가 규모에 영향을 받기는 하지만 조직 기능이나 영역이 넓어지면 그에 따라 인력충원의 필요성이 생기게 되기 때문에 반드시 규모와 구조가 직접적인 관계를 지니는 것은 아니라고 보고 있다.

2) 조직규모와 조직구조의 관계

첫째, 규모와 복잡성의 경우이다. 규모가 커질수록 복잡성은 점증적으로 증가하지만, 일정 수준에 도달하면 복잡성의 증가율은 체감된다. 초기에 조직규모 증가는 분화 증가와 같은 속도를 유지하지만 조직규모의 경우 장소적 분산을 동반하기 때문에 분화의 정도는 시간이 지날수록 규모속도에 비해 낮아지게 된다. 따라서 규모증가와 복잡성은 속도의 차이는 있지만, 일반적으로는 정(+)의 관계를 지닌다.

둘째, 규모와 공식화의 경우이다. 규모가 증대될수록 공식화의 수준도 높아지는 정(+)의 관계이다. 일반적으로 규모가 커지면 조직 운영비용이 증가하기 때문에 공식화된 규제를 통해 통제하여 조직 운영 비용을 절감하는 데는 공식화가 유리하며 이들 현상은 소규모 조직보다는 대규모 조직일수록 강하게 나타난다.

셋째, 규모와 집권화의 경우이다. 규모와 집권화는 부(-)의 관계이다. 규모가 커지면 조직을 관리하는 경영층의 입장에서는 모든 것을 통제하기가 불가능하기 때문에 권한위임이 이루어지고 공식화 유도 및 분권화가 동시에 진행되게 된다.

지금까지 서술한 상황변수와 조직구조 구성요소와의 관계는 〈그림 3-3〉과 같이 정리되며, 상황변수와 조직구조 구성요소와의 관계에 따라 나타나는 조직구조 형태에 대한 내용은 5장에서 설명한다.

〈그림 3-3〉 조직구조의 체계

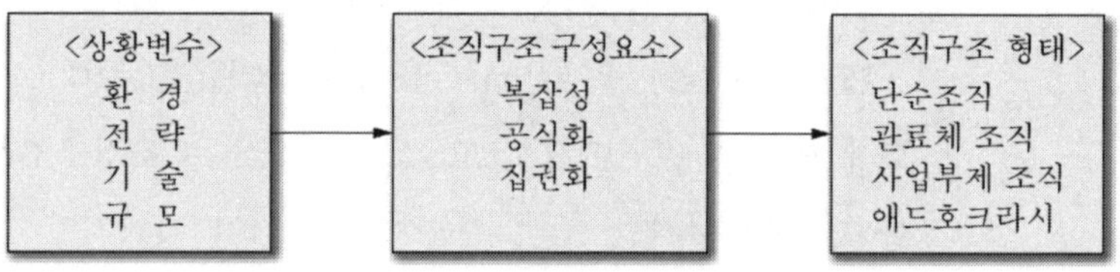

제4장

조직운영의 원칙

제1절 개 요

조직은 목적달성에 필요로 하는 "일"을 수행하기 위해서는 "권한"과 "책임"을 기초로 하는 지배구조를 지니며, 조직의 내부적 측면을 반영한 권력분포(power of distribution)에 의해 운영된다. 조직을 운영하기 위해서는 조직을 편성하고 통솔하며 지휘하는 구조가 어떤 방식과 특징을 지니고 있는가의 여부에 따라 운영방식이 다르게 나타난다.

조직 운영은 권한(authority)과 책임(responsibility)의 정도에 따라 수준이 결정되는데, 이때 권한은 과업을 수행하는 힘(power)을 의미하고 책임은 직위에 부과된 일(직무)을 뜻하며 그 직무를 수행해야 하는 의무이다. 권한은 일정과업 수행에 필요한 힘을 각 직위에 공식적 과정을 통해 부여된 권리이며, 책임은 위임과 재위임의 계층적 관계를 통해 분업의 효과를 꾀하는 기본이 된다. 서술한 내용은 〈그림 3-4〉와 같이 표현된다.

〈그림 3-4〉 권한과 책임에 따른 운영 흐름

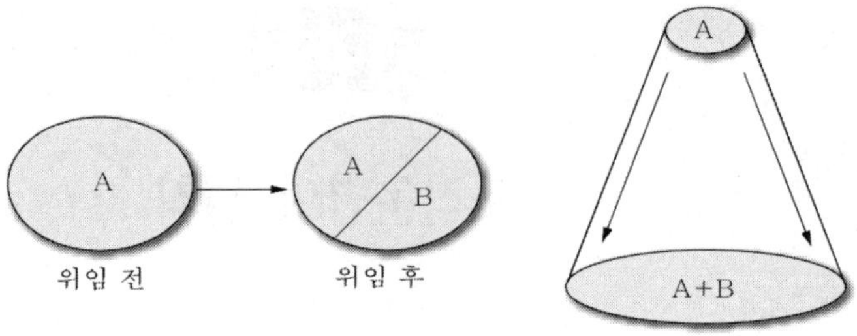

조직운영원칙은 복잡하고 거대한 조직을 보다 합리적이고 적절하게 편성 및 구조화하고 그것을 보다 능률적으로 관리함으로써 관리목표를 효율적으로 달성하고자 하는 데에 적용된다. 주로 고전적 조직이론을 주창한 관리학파들에 의해 연구되었는데 운영원칙 중 4가지를 검토한다.

제2절 내 용

1. 통솔범위의 원칙(principle of span of control)

감독범위의 원칙이라고도 하는데, 한 사람의 관리자가 지휘 · 감독할 수 있는 부하의 수를 어느 정도로 구성해야 하는가를 설정하는 원칙이다. 이는 한 사람의 관리자가 지휘 감독할 수 있는 하위직의 숫자는 한계가 있음을 인식하고 실질적으로 조직목표 달성과 그 달성에 필요로 되는 하위직의 숫자를 고려하고 조직의 효율적 운영을 검토하는데 동기가 있다.

일반적으로 감독자의 통솔범위가 너무 넓으면 의사소통이 비효율적으로 진행되고 능률이 저하되며 관리상의 실패확률이 높고 관리비용이 증가되는 폐단이 발생되는 것이 일반적인 중론이다(최종태,

1985: 141). 따라서 일률적으로 하위직의 숫자와 범위를 정하기보다는 관리자의 능력과 업무내용, 지리적 범위 등의 상황변수를 고려해서 결정한다. 따라서 흔히 통솔범위의 수는 마술의 숫자라고 표현하기도 한다.

통솔범위는 계층제의 구성과는 반비례관계를 지니고 있는데, 통솔범위가 넓어지면 의사소통의 부작용과 능률저하를 유도할 수 있으며, 반대로 통솔범위가 좁아지면 지나친 간섭과 조직 비대화를 유도하며 조직의 간접비용이 증대되는 현상을 가져오기도 한다.

최근에는 조직환경이 급변하는데 기인하여 통솔범위가 좁은 수직적 구조보다는 통솔범위가 넓은 수평적 조직구조를 취하는 경우가 많은데, 이는 수평적 구조를 지닐수록 변화에 대응하는 속도가 빠르기 때문이다. 이에 따라 조직구조가 오랜 기간 운영되었던 부·과제 조직구조에서 팀제조직구조로 변화하고 있다.

2. 권한위임의 원칙(principle of delegation of authority)

조직은 구성원들에게 권한을 위임하고 이를 바탕으로 참여를 통해 성과를 높이는 방식을 선호한다. 조직규모가 확대되면 한 사람의 상위자가 경영활동의 전부를 직접 담당할 수 없기 때문에 하위직의 능력을 수용하고 이들의 협력적 활동을 통해 성과를 창출하는 것이다. 따라서 조직 내 하위자가 매번 상위자의 지시나 명령을 받지 않고 자기의 독자적인 판단으로 직무수행을 할 수 있도록 상위자가 지니고 있는 직무수행 권한의 일부를 하위자에게 위임하는 원칙을 권한위임의 원칙이라고 한다.

권한이 어떤 한 사람이나 특정 부서에 지나치게 집중되면 집권화되어 상대적으로 조직이 경직되고 권력지향적 조직으로 변화되는 현상이 나타나기도 한다. 따라서 조직운영에서 하위자에게로의 적절한 권한위임은 조직구성원의 참여를 이끄는 효과가 있다. 특히 상위직에서 하위직으로 과업만이 아니라 과업과 관련된 권한이 부여되어질 때 비로소 권한위임이 진행된다. 즉 권한위임이란 일을 수행하는 과제를 부여하는 것이 아니라 일을 수행할 권한을 주어야 하는 것을 의미한다. 그러나 이때 권한위임이 진행되더라도 상위직은 "결과에 대한 책임"은 지닌다. 하위직에게 과업에 대한 수행권한을 위임했다 하더라도 위임받은 하위직뿐만 아니라 위임을 한 상위직도 과업수행의 결과에 대하여 포괄적인 관리책임이 존재하기 때문에 권한위임은 하위직만이 아니라 상위직의 책임을 묻는 상호간의 포괄적인 지배구조를 형성한다.

권한위임이 진행될 경우 나타나는 순기능적 효과로는 첫째, 증가되는 업무에 상위자에게 집중되는 현상을 사전에 방지할 수 있으며, 둘째, 하위자의 참여와 창의를 유도할 수 있고, 셋째, 신속한 의사결정과 문제해결 효과를 얻을 수 있다.

3. 계층화의 원칙(principle of hierarchy)

조직의 규모나 역할, 종업원의 수 등에 따라 권한위임과 통솔범위를 고려해서 조직을 구성하는 원칙이다.

계층화의 원칙은 권한과 책임 그리고 직위의 정도에 따라 구성원의 상하계층과 등급을 정하게 되며 설정된 각 계층이나 등급 간의 정도에 따라 권한과 책임을 배분하며 명령계통과 지휘감독 계통을 확립하는 과정을 거치게 된다. 이때 계층의 수가 많아지면 기업규모가 확대되며 종업원 수가 증가되고 상하계층이 증가되기 때문에 의사소통에 장애요인이 발생되고 운영속도가 지연되며 인건비가 증대되는 현상이 나타나게 된다. 따라서 계층화의 원칙은 통솔범위의 원칙과는 배치되는 모순의 원칙을 지닌다. 통솔범위 원칙에 따르면 조직구성원의 숫자가 많아질수록 계층의 수는 증가되어야 하는데 상하간의 계층의 수가 증가되면 의사소통의 속도가 지연되고 관리자의 수가 증가하며 인건비도 증가하게 되는 한계를 지니게 된다.

최근에는 환경이 급변하면서 조직의 순간적 대응을 요구하기 때문에 계층수가 줄어들고 수평화(flat)되는 흐름으로 변화되어 계층제의 파괴현상이 나타나고 있다. 즉 조직의 슬림화(slim)가 나타나고 있다. 그러나 조직이 존재하는 한 계층은 언제나 존재한다.

4. 명령통일의 원칙(principle of unity of command)

조직 내 구성원들이 특정 단위의 직속상관에게만 명령을 받는 원칙을 의미한다. 즉 해당 직속상관의 지시와 명령을 받고 또 그 직속상관에게만 보고하는 것이다.

이 원칙은 책임과 권한을 명확히 하여 조직질서를 유지하려는 목적을 지니고 있다. 만약 명령통일이 확립되지 않고 한 사람이 2인 이상의 상위직으로부터 명령을 받게 되면 명령의 혼선이 발생되고 명령의 이중적 현상으로 인하여 조직분열과 혼란, 신속한 업무수행의 어려움이 나타나기 때문에 조직운영에서는 매우 중요한 운영원칙이다.

그러나 최근에는 조직계층의 붕괴와 전문화가 지향되고 가속화되면서 조직구조가 점차 방사형 내지는 네트웍(network)화 되기 때문에 명령통일의 원칙이 점차 붕괴되기도 한다.

지금까지 서술된 내용을 기초로 정리하면 〈표 3-2〉와 같다.

〈표 3-2〉 조직운영의 원칙

기본원리	기본원칙	비고
권한과 책임	통솔범위의 원칙	지배구조
	권한위임의 원칙	
	계층화의 원칙	
	명령통일의 원칙	

〈그림 3-5〉를 통해 조직운영의 원칙을 비교 설명해 보자. A형 구조와 B형 구조는 구조적 특성이 다르다.

〈그림 3-5〉 조직구조 비교

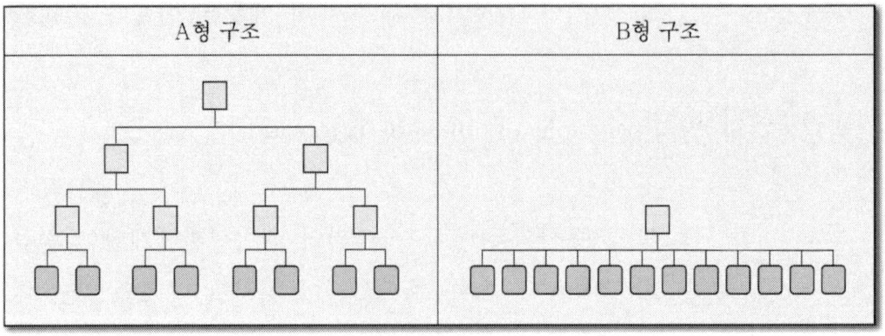

A형 구조는 높은 위계질서와 좁은 통제범위 및 철저한 부하관리를 중시하는 조직구조를 지니고 있다면, B형 구조는 낮은 위계구조와 넓은 통제범위, 느슨한 부하관리를 중시하는 구조를 지니고 있다. A형 구조의 경우는 통솔범위가 좁기 때문에 관리자의 업무장악력이 뛰어나고 상사중심의 조직운영이 효율적이며 권한위임의 필요성을 느끼지 못한다. 반대로 B형구조는 통솔범위가 넓기 때문에 관리자는 부하직원에게 많은 권한위임을 하는 것이 조직운영에 효과적이고, 이 경우에는 상사와 부하직원이 같이 협력해서 업무를 처리하는 경우 조직의 성과를 높일 수 있다. 조직환경이 급격하게 변화하는 현대조직에서는 A형에서 B형으로 이전되고 있는 추세이다.

제 5 장

조직구조의 형태

제 1 절 유형 분류 기준

조직구조의 유형 분류가 중요한 이유는 조직구조가 복잡하고 다양한 구성요소들의 집합으로 이루어져 있지만 구성요소들 상호간에 관련성이 있기 때문에 조직구조와 조직목적과의 연계성을 확보하는데 도움이 되기 때문이다.

Minzberg(1979)는 조직구조 유형을 구분하는 요소들을 핵심운영부문, 전략부문, 중간라인 부문, 기술구조 부문, 지원스텝부문으로 구분하여 다섯 가지의 조직유형을 제시하였으며, 통제력의 위치와 정도에 따라 조직유형을 단순구조, 기계관료제, 전문관료제, 사업부제, 애드호크라시 등으로 구별하였다.

제 2 절 구조의 종류

1. 단순구조

1) 의의

단순구조(simple organization)는 정교화되지 않은 조직구조를 의미하며, 분업화 정도가 낮고 공식화가 거의 없는 집중화된 조직구조이다. 환경이 단순하고 동태적인 경우 적합한 조직형태이며 반대로 환경과 적대적인 경우에도 적합하다.

2) 조직유형의 장 · 단점

단순구조의 장점은 단순성이다. 환경변화에 대한 대응이 신속하고 유연해야 하며 유지비용이 적게 드는 긍정적 요소가 있다. 그러나 반대로 의사결정의 집권화가 강하고 지나치게 권한이 집중되어 있어, 위기 대응시 조직의 전체적인 대응능력이 떨어지고 조직규모가 커지면 적용의 한계가 나타나며 경영층에 지나치게 의존하는 경향이 강하게 나타난다.

2. 기계관료제

1) 의의

기계관료제(mechanic bureaucracy)는 과업이 철저하게 세분화되고, 일상적 · 반복적으로 수행하며, 규칙이나 규정이 명확하게 공식화되어 있으며, 의사결정이 공식적인 채널을 통해 이루어지는 특성을 지닌 조직형태이다.

기계적 관료구조의 경우 통제력이 “기술구조(technostructure)부문”에 집중되어 있다. 기술구조부문의 역할은 조직 내 기술문제를 전문적으로 다루며 조직 내 과업과정과 산출물의 표준화를 담당한다. 따라서 이들 조직유형은 작업과정의 전문화와 기능의 분업화, 업무과정의 공식화를 통해 나타나는 조직성과를 중요하게 인식한다. Weber가 제시한 관료제 조직구조가 전형적인 대표사례이며, 규정된 권한 계층, 표준화된 의사소통 경로, 명문화된 책임규정 등을 특징으로 한다. 주로 일상화된 기술을 사용하며 단순하고 안정적 환경을 지닌 조직이 적합하게 사용하는 조직유형이다.

2) 조직유형의 장 · 단점

기계적 관료구조의 장점은 표준화된 과업수행으로 정확성, 신속성, 명확성, 지속성, 통일성을 확보할 수 있기 때문에 공식화와 집권화의 정도가 높다. 반면에 업무가 세분화되어 있어 부서간 갈등을 유발할 가능성이 높고 표준화된 업무로 인하여 규정이나 규칙이 획일화되어 적용될 가능성이 높아 환경 변화에 대한 대응속도가 떨어질 가능성이 있다.

3. 전문관료제

1) 의의

전문관료제(professional bureaucracy)는 현장에서 실제로 제품이나 서비스를 생산하는 “핵심운영(operating core) 부문”이 통제력을 지닌 조직구조이다. 주로 대규모 조직에서 복잡하고 안정적인 환경을 지닌 조직이 선호하는 유형이다. 고도로 훈련된 전문가들을 통해 내재화된 어려운 기술을 사용하기 때문에 과업의 복잡성이 높고 분업화가 되어 있으며 기술 자체가 명확하게 표준화되어 있어 상대적으로 안정적인 조직운영을 하고 있다. 1980년대에 이르러 기계적 관료구조를 대체하는 조직유형으로 "의사결정의 분권화"가 있다는 것을 제외하고는 기계적 관료구조와 큰 차이를 지니지 않고 있다는 것이 중론이다.

2) 조직유형의 장 · 단점

전문적 관료구조의 장점은 효율화된 과업수행이 가능하고 과업의 전문화가 인정되어 동기부여와 책임의식이 구성원들 사이에서 높다. 반면에 하위단위조직으로 갈수록 갈등유발이 나타나며 조직이 정한 규칙의 적용한계가 나타나고 전문가들 사이에서 업무 추진에 따른 갈등이 증가하고 조정의 필요성이 증가된다.

4. 사업부제 구조

1) 의의

사업부제 구조(divisional form)는 핵심부분 운영과 전략부분을 연결하는 "중간라인(middle line) 부문"이 통제력을 지닌 조직구조이다. 사업부제조직은 부처 내에 자주성을 가진 통일적인 행정관리단위를 형성하기 위한 조직형태로서 행정의 분권화, 다양화, 조직혁신 등의 시대적 배경을 지니고 있다.

사업부제 조직은 조직의 경쟁력 강화를 통해 독자적 기능을 지니도록 유도하기 때문에 자율적 사업단위들이 집합화 과정을 거치면서 사업활동에 필요한 자율권을 부여받아 이익책임을 구현하는 단위적 조직으로 운영된다. 따라서 각 사업부는 조직속에 또 다른 "작은 조직"이 되어 운영되며 일반적으로 기계적 관료구조를 채택하며 공식화의 정도가 높은 것이 특징이다. 주로 조직규모가 크고 조직의 활동영역이 다양하며 수평부서들간에 갈등이 증가하고 조정이 필요한 상황에 처한 조직들이 사업부제를 통해 조직분화를 유도한다.

2) 조직유형의 장 · 단점

사업부제 구조의 장점은 기계적 구조보다는 구성원의 참여와 관심을 유발하며, 지원스텝 부서의 기능을 활용할 수 있고 자율권이 확대되는 등 전반적으로 효율화를 창출할 수 있다. 반면에 각 사업부내에 기능부서가 동일하게 설치되어 조직 전체로 볼 경우 중복으로 인한 조직자원 낭비가 초래되고 사업부간 경쟁으로 인하여 조정의 어려움이 상존한다.

5. 애드호크라시

1) 의의

애드호크라시(adhocracy)는 높은 수평적 분화, 낮은 수직적 분화, 낮은 공식화, 분권화, 유연성, 신속한 대응 등을 대표하는 조직유형이다. 이들 조직유형은 기존 조직구조들이 지닌 구조적 한계부분들을 서로 다른 전문가들이 유기적으로 연결하여 문제를 해결하는 임시 구조 성격이 강하다. 따라서 애드호크라시는 조직전략, 기술, 환경 등에 영향을 받으며 비일상적인 기술을 사용하는 조직에 적합하고 복잡하며 동태적 환경을 지닌 조직이 선호하는 유형이다.

2) 조직유형의 장 · 단점

애드호크라시의 장점은 환경변화에 신속하게 대응하고 전문가 집단에 의한 성과 창출을 안정적으로 기대하며 전문가들간의 조정이 용이하다는 것이다. 그러나 기존의 관료제구조에 비해 비효율적이고 지나치게 변화에 민감한 조직특성을 지녀 종종 구성원들에게 심리적 긴장과 압박감을 유발하기도 한다.

지금까지 설명한 조직구조 형태를 〈그림 3-6〉과 같이 정리한다.

〈그림 3-6〉 조직구조형태

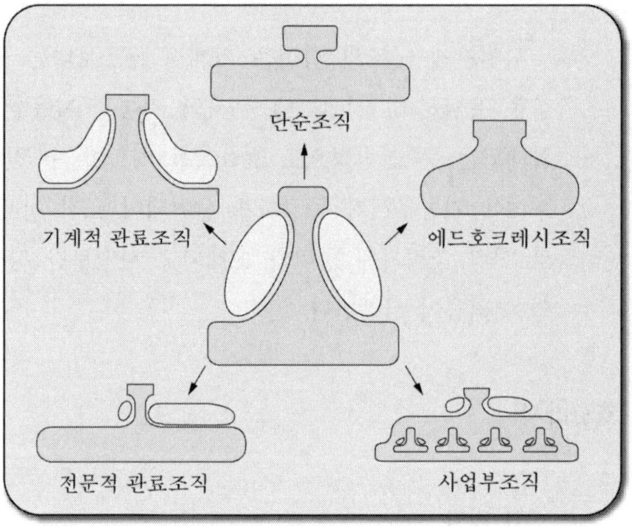

출처 : 임창희(2009:509)

제 4 편

사회복지조직 내 인간과 행동

조직 내에서 인간이 중요시되는 이유는 무엇인가? 그 이유는 조직관리의 대상이 "인간(human)"이기 때문이다. 조직에서의 "인간(human)"은 일을 수행하는 과정의 구성요소이며, 조직목표달성을 위해 필요로 하는 각종 자원과 기술, 지식들을 조정·통제하는 과정의 주체이다. 따라서 조직구성원에 대한 관리는 조직성과와 발전에 영향을 미치기 때문에 조직인(조직 내 개인)을 어떻게 관리할 것인가는 조직관리의 중요 영역 중 하나이다.

본 편에서는 조직인을 이해하고 인간행동을 검토하며 동기부여를 통해 조직 내 인간관리의 효율적 관리전략을 알아본다.

제 1 장

조직인의 이해

제1절 조직과 조직인(조직 내 개인)의 관계

조직과 조직인은 상호간에 실적·기대·보상을 통해 교류하면서 공존하게 된다. 이때 조직인은 자신이 지닌 지식·기술·태도·가치관·성격을 통해 조직에 영향을 미치며, 조직은 역할·지위·구성원의 자격 등을 통해 개인에게 영향을 미친다. Pfiffner와 Sherwood(1960)는 세 가지 유형을 통해 조직과 조직인의 관계를 정리했다. 첫째, 조직인은 자신의 노력과 열정을 사회에 투입하는 과정에서 사회목표에 기여하는 사회화 과정을 거친다고 보았으며, 둘째, 조직은 조직인에게 자기실현의 기회와 기여하는 장(field)을 만드는 인간화 과정을 조직구성원에게 제공하고, 셋째, 사회화와 인간화를 동시에 추구하는 융합화 과정을 통해 조직과 조직인의 관계를 구체화한다고 주장하였다.

조직과 조직인은 각각 욕구를 지니고 있다. 이때 이들의 욕구가 같은 방향을 지향하고 있으면 이상적이지만, 항상 방향과 욕구가 합치되는 것은 아니다. 조직은 조직목표달성의 극대화를 추구하지만,

개인은 개인욕구의 극대화를 추구하는 성향을 본능적으로 지니기 때문이다. 따라서 상호간에는 항상 갈등과 대립의 가능성이 상존하고 있기 때문에 조직은 조직 내의 개인과 조화·공존하기 위한 관리가 필요하다. 조직과 조직인 모두 상호간에 완전한 합의점을 찾지는 못하지만, 상호간에 융합화의 과정을 통해 만족할만한 접점을 찾는 것이 필요하다. 조직은 조직인이 조직과 높은 일체감을 지니고 충성하기를 기대하지만 조직인이 지닌 개인적 차이(difference) 때문에 조직에 몰입하는데 한계가 있다. 따라서 조직목표와 개인목표가 균형을 지니려면 조직은 조직인들에게 적절한 유인(incentive)요인을 제공해야 하며, 반대로 조직인은 조직에 공헌(contribute)하는 자세를 지녀야 조직과 조직인의 공존과 조화가 이루어지고 조직성과와 개인발전을 기대할 수 있다.

제 2 절 역사적 배경

조직과 조직인에 대한 연구가 필요하게 된 배경은 고전적 조직이론에 대한 비판에서 시작된다.

고전적 조직이론은 조직을 합리적으로 운영하기 위해서는 조직구조와 그에 따른 계층화, 능률적관리가 중요하다고 보았으며 조직구성원은 경제인(economic man)의 시각에서 관리하며 금전적 보상을 효과적인 수단으로 인식했다. 그러나 1900년대에 들어 고용주와 노동자 간의 갈등이 부각되고 산업체의 생산성이 저하되는 문제들이 등장되면서 조직과 조직인에 대한 새로운 해결방법이 필요로 하게 된 것이다.

고전적 조직이론에 대한 비판적 관점에서 등장한 신고전적 조직이론의 대표학자인 Mayo를 포함한 인간관계론자들은 조직구성원의 감정적 요소들이 조직성과에 양향을 미치는 것을 "호손연구"를 통해 알아내고, “인간”의 중요성을 제기하였다. 특히 Barnard는 “조직은 단순히 사람이나 기계와 같은 것으로 구성되어 있는 것이 아니라 사람들로 구성된 힘(forces)에 의해 이루어진다”고 보았으며, 개인을 조직환경의 일부로 인식하였다. 그는 조직에 참여하는 구성원들에게는 조직적 인격과 개인적 인격을 존재하는 이중적 인격구조를 지닌다고 주장하면서, 조직구성원들에게 조직적 인격만이 강조되면 조직구성원으로서 행동할 것을 강요하며 개인으로서의 선택이나 의지는 최소화되고 개인적 인격은 무시될 가능성이 높아지게 된다고 주장했다.

조직과 조직인이 공존하기 위해서는 조직이 지닌 합리성도 중요하지만 조직인의 개인적 욕구도 인정될 때 조직과 조직인의 공존이 가능하다고 할 수 있다(김병섭 외, 2001: 217-218). 즉 조직인의 존재와 그에 대한 관리를 어떻게 하는가의 여부가 조직성과 창출에 영향을 미친다고 하겠다.

제 2 장

인간행태의 이해

제 1 절 인간 본질의 모형

모형이란 현상이 어떻게 기능하며 작용하는가의 연관성을 보여주는 데 목적이 있다. 따라서 인간모형은 인간들은 어떻게 기능하고 작용하는가에 대한 현상과 연관성을 알아보는데 목적이 있다. 인간 본질에 대한 연구는 크게 세 가지 모형으로 연구되는데, Freud모형, 기계모형, 자율모형 등이 있다.

1. Freud의 인간모형

인간은 항상 정신적으로 갈등하는 상태에서 선과 악을 선택하는 존재로 이해한다. 주로 사람의 성격을 통해 사람을 이해하는 것이 이론의 핵심이다.

성격은 크게 세 가지로 나뉜다.

첫째, 본능(id)이다. 무의식세계이며 거칠고 원시적 충동으로 구성되어 있고 희열과 쾌락을 위해 이루어지는 성격의 세계이다. 자제력을 지니지 못하며 통제 불능에 속하는 영역이다.

둘째, 자아(ego)이다. 의식세계이며 지성과 이성을 통해 id에게 현실을 해석토록 유도하는 기능을 지닌다.

셋째, 초자아(super ego)이다. ego가 무엇이 옳고 그른가를 결정하도록 규범을 제공하는 기능을 한다. 일종의 "양심"이다. 사회의 문화적 가치와 풍습을 흡수하며 옳은 선택을 하는데 결정적 영향을 미친다.

Freud는 인간이란 이들 세 가지 영역이 교류과정을 거치면서 나름대로의 인간적 특성을 나타낸다고 보고 있다. 즉 id, ego, super ego간 갈등으로 형성되는 성격과 무의식적 동기를 통해 인간적 특성을 형성한다. 이때 id가 강하면 충동적이고 공격적인 사람으로 이해하고, 반대로 ego, super ego가 강하면 이성적이며 논리적 성향이 강한 사람으로 이해된다.

2. 기계모형

기계모형은 주로 인간은 자극(stimulus)을 주면 그에 따라 반응(response)을 보이게 된다는 가정 하에 사람을 이해하는 모형이다. Watson, Pavlov, Skinner 등의 행태론적 학자들이 대표적이다.

행태론자들은 "학습"을 통한 행동에 관심을 두었는데, 사람행동은 자극과 반응에 의해 결정되며, 인간은 환경과의 상호작용에 따라 행동을 선택하게 된다고 이해하고 있다.

기계모형을 구성하는 대표적 이론인 고전적 조건반사이론과 수단적 조건반사가 있다. 고전적 조건반사는 자극과 반응에 관심을 가지고 있으며 주로 생리적·정서적 측면에서 연구되었고, 수단적 조건반사는 반응에 대한 강화(reinforcement)에 초점을 두고 학습된 잠재력과 관련된 행동과 태도를 연구하는데 초점을 두었다. 대표적인 두 이론들을 검토하자.

1) S -> O -> R 모형

Maier가 대표적 학자이다. 그는 인간이란 생리적 요소와 심리적 요소에 의해 행동을 결정한다고 보면서, 자극, 인간유기체, 반응 등의 구성요소를 제시했다.

첫째, 자극(stimulus: S)이다. 인간을 행동하게 하는 기능을 수행하며, 해야 할 일과 하지 않아야 할 일을 결정하는 방향과 기준을 지니고 있다. 이때 자극요인은 물리적 환경과 사회문화적 환경으로 구성되는데, 물리적 환경에는 인간을 둘러싼 거시적 관점의 요소들이, 사회문화적 환경에는 문화, 제도, 조직, 관습 등의 요소들이 해당된다. 둘째, 인간유기체(human organism)이다. 투입된 자극요인에 대하여 생리적 존재요소인 신경체제, 감각기관, 근육 등의 요소들이 자극을 받거나, 또는 심리적 요소인 지각, 학습, 동기, 성격 등의 요소들이 자극에 대한 판단을 하게 된다. 셋째, 반응(response)이다. 유기체적 존재의 결과에 따라 반응을 보이게 된다.

2) S -> O -> B 모형

Luthan의 이론으로서 Maier이론과 Lewin의 B= f(E. P)를 적용한 이론으로서 인간은 유기체적 요소가 특히 중요한데, 인지적, 감정적, 의도적 요인을 지니고 이를 기초로 태도를 결정하여 행동화한다는 이론이다. 이때 행동(behavior)은 결과적 반응을 의미하는데, 반응에는 표면적 반응과 내재적 반응이 있다. 표면적 반응은 외부로 나타나는 동작과 말하는 것이라면, 내재적 반응은 외부로 나타나지 않는 사고(思考)하는 것과 듣는 것 등이 있다.

3. 자율모형

인간행동은 무의식이나 환경자극에 의해 이루어지는 것이 아니라 자극과 반응에 대하여 의식적으로 인식하며, 기대와 목적을 가지고 스스로의 판단에 따라 변화하는 자율성을 지닌다고 보았으며, 인본주의적 시각에 입각해서 이해하는 시각이고, Allport, Maslow, Rogers 등이 대표적 학자들이다.

인간의 긍정적 자유주의를 강조한 인본주의적 시각에서는 Freud 학파의 경우 인간 개념을 인간행태의 부정적·비합리적인 면만을 강조했다고 비판하였으며, 행태론자들이 주장한 기계모형의 경우에는 인간행태를 지나치게 〈인과결정론〉적 시각에서만 이해했다고 비판했다. 인본주의적 학자들은 인간은 무의식적 동기와 비합리적 결과를 수반하는 조건반사적인 행태를 지니고 있지만, 부정적 결과를 극복할 수 있는 능력을 지니며 스스로 추리하고 계획하며 평가할 수 있는 능력을 지니고 있어 스스로를 통제할 수 있는 영향력을 지닌 존재로 이해한다(윤우곤, 1990: 104-105).

제 2 절 개인행동의 체계

일반적으로 인간행동은 인간과 환경의 상호작용에 의해 형성되며, 이는 Lewin의 환경과 성격의 결합에 의해 행동이 결정된다는 공식에 기초한다(윤우곤, 1990:110). 개인행동형성에 영향을 미치는 요인을 민진(2004)은 개인적 특성, 직무상 요인, 조직적 요인, 조직환경적 요인들로 제시했으며, 이학종(1998)은 환경적 요인, 육체적 요인, 심리적 요인으로, 윤우곤(1990)은 생리적 존재와 심리적 존재를 결합한 인간 변수와 물리적·사회문화적 환경요인을 결합한 환경변수를 제시하였다.

개인행동은 개인으로서의 행동과 조직의 구성원으로서의 행동들이 결합되어 있는데 개인들은 주어진 상황여건에 따라 다양한 행동을 한다. 따라서 조직을 관리하는 입장에서는 개인의 행동을 이해하고, 각기 개인의 차이점을 인식하여 적절한 상황여건을 제공한다면 개인성과 및 조직성과 향상에 기여하게 된다.

그렇다면 개인차(difference)를 형성하는 요인들은 무엇이 있을까? 일반적으로 개인적 요인과 환경적 요인으로 구별되는데, 지각 · 학습 · 성격 · 동기 등이 개인적 요인에 포함되며, 환경적 요인에는 조직적 또는 조직환경적 요인에 속하는 직무 · 작업조건 · 집단 · 리더십 · 제도 · 규칙 · 문화 등이 환경적 요인에 포함된다. 본 장에서는 개인적 요인들을 중심으로 살펴보고, 환경적요인은 5편에서 살펴본다.

1. 학습

학습(learning)은 개인행위의 형성과 변화에 영향을 미친다. 학습이란 지속적인 강화에 의한 연습과 경험의 축적을 통해 행위를 유발되며 지속성을 동반하는 변화과정이다. 학습은 주로 "강화(reinforcement)"에 의해 관리되는데 강화를 통한 행위결과가 만족스러운 결과를 가져오면 긍정적 강화수단을 제공하고, 반대로 기대에 미치지 못하면 부정적 강화수단을 제공하여 지속적으로 기대하는 결과를 얻기 위해 관리한다. 긍정적 강화 수단으로는 인정과 칭찬, 경제적 보상이 있으며, 반대로 부정적 강화 수단에는 질책과 조언, 인사상의 불이익 등이 있다.

2. 지각

지각(perception)은 인간유기체가 상황을 인식하고 판단하며 구체적으로 해석하는 과정이다. 지각은 환경이나 상황 또는 현실을 개인 스스로의 견해에 따라 이해 · 판단하기 때문에 객관적이고 사실적이기보다는 주관적이고 가치중심적 특성이 강하며 개인적 요인들에 속하는 학습 · 성격 · 동기 등에 의해 영향을 받는다.

3. 성격

성격(personality)은 특정한 개인이 생각하고 느끼고 행동하는 독특한 방식을 의미한다. 성격은 개인이 선천적으로 타고난 핵심성격(core personality)과 일상생활에서 학습을 통해 형성된 주변성격(peripheral personality)으로 구별된다. 성격은 개인의 행동을 이해하고 예측하는데 도움을 주며, 선천적 성격도 중요하지만, 주로 환경과의 상호작용을 통해 학습한 결과 등에 의해 형성되는 주변성격도 사람 이해에 중요한 요인이 되기도 한다.

4. 태도

태도(attitude)는 인간·물건 그리고 주어진 상황에 대하여 특별히 영향을 끼친 경험들을 통하여 형성된 개인의 마음 상태를 의미한다(민진, 2004:185). 태도는 크게 인지적·감정적·행동적 요소로 구성되는데, 인지적 요소는 어떤 대상에 대해 가지고 있는 지식·생각·신념을 의미하며, 감정적 요소는 대상에 대하여 지니고 있는 좋고 나쁨의 감정을 의미하며, 행동적 요소는 대상에 대하여 특별한 방식으로 표현하는 의도(intention)를 의미한다. 이들 세 가지 요소들이 융합하여 강화될수록 행동은 일관성을 지닌다.

제 3 장

동 기 부 여

제 1 절 동기부여의 의의

1. 동기부여의 정의와 중요성

동기부여(Motivation)는 "움직이다(to move)"라는 라틴어의 'movere'에서 유래된 것이다. 동기(motive)는 인간욕구(needs)를 의미하는데, 사람들이 어떤 방향으로 행동하도록 원인을 제공하는 개인의 내적 심리상태(inner state)를 의미한다.

동기부여는 인간이 자기욕구를 충족시켜 준다고 기대하는 목표를 향하여 행동하게 하는 외부자극이며 적극적 성향을 띠고 있는 에너지의 집합적 개념이다. 특히 조직관리적 시각에서의 동기부여는 자연적인 충동과정이 아니라 조직목표와 개인목표달성을 위한 목적으로 이행되는 계획된 행위이며 기대하는 행위를 유발·확보하기 위한 최고관리층의 의식적·지속적 노력"이다.

조직생활을 하는 데 있어서 심리적 자극을 통해 업무를 추진할 욕구를 불러일으키는 것은 중요하다. 조직목표이든 또는 개인목표이든 결국 조직구성원의 의지나 태도에 의해 결정되기 때문에 이들 요인들을 어떻게 관리할 것인가가 중요하다. 이는 얼마만큼 의욕을 가지고 노력하느냐의 여부에 따라 목표달성이나 성과수준이 결정되기 때문이다. 따라서 조직은 조직구성원의 동기유발을 통해 직무수행 수준을 높이고 이를 조직성과로 나타낸다. 결과적으로 조직은 개인특성과 조직특성을 고려해서 조직이 요구하는 직무성과와 태도의 변화를 이끌어 내려는 의도를 지니고 있으며 동기부여는 그들 요소들 중 일부이다.

2. 동기부여 과정

동기부여이론의 주요 주제는 동기부여를 유발하는 원동력이 무엇이며, 무엇이 행동하도록, 무엇이 움직이도록 하느냐에 관한 것이다. 심리학자들은 이를 욕구(needs)라고 정의되어 연구하였으며, 개인행동이 동기화하는 과정을 살펴보면 다음과 같다(이학종, 1998:166-168).

동기는 개인의 욕구, 개인의 과거 경험, 기대감 등에 의해 발생되고, 그 강도는 욕구결핍의 정도에 의해 영향을 받는다. 이때 발생된 동기는 조직체 내부의 환경요인인 직무구조·리더십·집단특성·유인요소 등과, 개인특성인 성격·지각·태도·학습 등에 의해 영향을 받으며 목적지향적 행동에 영향을 미친다. 그리고 개인의 동기와 목적지향적 행동은 개인의 노력수준을 결정하며 개인의 능력(ability)과 결합하여 성과(performance)로 연결된다. 그리하여 개인은 성과 자체로부터 직접적으로 자신의 욕구를 충족하던지 아니면 성과 결과를 통해 보상이나 인정 등을 받음으로써 자신의 욕구를 보상 받는다. 아울러 보상 정도에 따라 개인의 만족감도 영향을 받게 된다. 이때 얻어진 만족감은 하나의 학습효과로 작용하여 차후 동기과정에서 결과에 대한 기대감(expectation)으로 작용되며 개인의 동기 자체와 목적지향성, 노력 수준에 영향을 미치게 된다.

조직은 동기부여 과정에서 개인 욕구나 동기의 지속적 자극을 유지하기 위해 조직체 요소인 직무구조 · 리더십 · 집단특성 · 유인요소들이 환경에 부합하도록 조정하며 관리하며, 아울러 성과에 연계되도록 개인동기화 요소들도 지속적으로 조정한다.

한편, 행동의 동기화 과정은 욕구의 결핍이 동기를 유발시켜 어떤 행동을 하게 되는데, 동기과정은 행동의 동기-행동의 유도-행동의 강화 등으로 진행된다(Gellerman, 1963).

1) 행동의 동기

행동의 동기는 동인을 발생시키고 이를 직접적인 행동으로 작동시키는 과정으로서 동기의 내적 심리작용이다. 동기는 생리적 또는 심리적 욕구결핍 상태에서 자극되며, 이를 해결하기 위해 의식적 · 무의식적으로 작용한다. 주로 욕구를 자극하는 요소들이 이에 해당된다. 그러나 어떤 욕구가 개인에게 중요하며 개인행동을 자극하는지 개인이 지닌 경험 · 지시 · 지각 · 기대감 등이 특성에 따라 다르게 나타나기 때문에 구성원들의 성향과 행동경향을 이해해야 효율적인 동기유발이 가능하다.

2) 행동의 유도

어떤 행동을 하려는 내적 심리상태는 곧 행동으로 이어질 에너지 상태로 존재하는데 이 힘을 욕구충족 행동 혹은 바람직한 행동 쪽으로 유도시켜 직접행동을 작동시키는 것을 행동의 유도라 한다. 동기과정을 통해 유발된 행동을 개인의 욕구충족과 조직체의 목적달성으로 유도해야 하는데, 이때 개인특성에 맞추어진 적합한 환경을 만들어 주어야 한다.

3) 행동의 강화

동기과정의 마지막 측면인 행동의 강화는 어떤 행동을 하고 난

후 사후적으로 인정, 보상, 칭찬을 함으로써, 행위자가 만족과 보람을 경험하여 차후에도 같은 행동을 반복할 수 있도록 강화시켜 주는 것이다. 행동의 강화작용은 개인으로 하여금 자신의 동기유발과 노력의 형성과정에서 축적된 과거의 경험에 의하여 자신의 행동결과에 대한 기대감을 갖게 하며 이는 지속적인 동기형성에 영향을 미치게 한다. 예를 들면 성공한 경험이 있으면 그 경험을 다시 느끼려 되풀이하는 경향이 이에 해당된다.

지금까지 서술한 내용들을 〈그림 4-1〉과 같다.

〈그림 4-1〉 개인행동의 동기화 과정

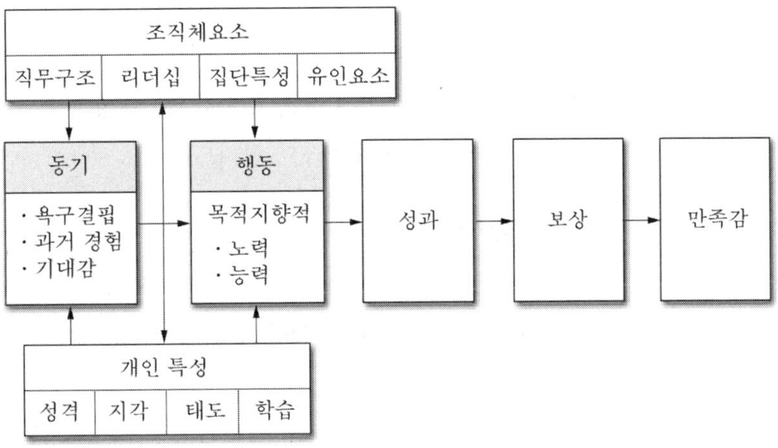

출처 : 이학종(1998:167)

제 2 절 동기부여 이론

이론 연구는 크게 내용이론과 과정이론으로 나뉜다. 내용이론(content theory)은 동기(Motives)와 강화(reinforcement)를 중심으로 동기부여이론을 구성하였으며, 과정이론(process theory)은 마음의 상태를 중시하는 인지적 요소(cognitive factors)를 대상으로 하며 주어진 자극에 대한 인간적 판단과 이해가 동기부여화된 것을 이론화 하였다. 내용이론은 개인의 행위를 유발시키는 욕구를 확인하는데 초점을 두고 그 대상인 "무엇이"를 연구한 것이라면, 과정이론은 어떤 과정을 거쳐서 "어떻게" 동기부여 되는가를 연구한 이론이다.

1. 내용이론(Content theory)

1) Maslow의 욕구단계설

인간의 욕구는 계층별로 5단계로 이루어져 있다고 주장하면서, 욕구에는 생리적 욕구, 안전욕구, 소속감 및 애정의 욕구, 존경의 욕구, 자아실현의 욕구가 존재한다고 한다.

(1) 욕구단계의 원칙

첫째, 개인마다 다섯 가지 욕구가 저차원에서 고차원으로 순서대로 나타난다. 따라서 한 단계를 건너뛰어 그 위의 욕구가 나타나는 경우는 없다.

둘째, 욕구의 출현과 소멸은 결핍과 충족의 원리에 의해 이루어진다. 즉, 순서에 의해 어떤 특정욕구가 결핍되어 있으며 그 욕구가 개인의 의식을 지배한다.

셋째, 결국 개인의 행동에 동기를 부여하는 것은 결핍이다.

넷째, 자아실현 욕구는 다른 욕구와는 달리 충족되면 될수록 욕구의 크기가 커진다.

다섯째, Maslow는 다섯 가지 욕구들을 묶어 결핍욕구(생리적, 안전, 소속의 욕구)와 성장욕구(자존, 자아실현 욕구)로 나누었다.

(2) 내용

첫째, 생리적 욕구(physiological needs)이다. 인간이 지닌 생리적 요소들의 균형유지를 목적으로 하는 욕구이다. 개인에게 있어 가장 기초적인 욕구인 의식주가 이에 해당되며, 조직에서는 임금이나 급여가 이에 해당된다.

둘째, 안전 욕구(safety needs)이다. 육체적인 안전과 심리적 안정을 목적으로 하는 욕구이다. 조직에서는 고용보장이 이에 해당된다.

셋째, 애정 욕구(love needs)이다. 개인 상호간에 교류를 통해 친분·소속감을 느끼고 집단구성원과 일체감을 갖고자 하는 욕구로서 대인관계에서 나타나며 조직에서는 인간관계가 이에 해당된다.

넷째, 존경 욕구(esteem needs)이다. 다른 사람들로부터 인정받고 부러움의 존재가 되고 싶어 하는 하는 것을 목적으로 하는 욕구로서 조직에서는 승진이 이에 해당된다.

다섯째, 자아실현 욕구(self-actualization needs)이다. 개인 스스로 개발할 수 있는 능력을 충분히 발휘하고 그 결과를 달성하는데서 오는 성취감을 느끼려는 목적의 욕구로서 조직에서는 목표달성이 이에 해당된다.

서술한 내용은 〈그림 4-2〉와 같다.

〈그림 4-2〉 Maslow의 욕구단계론

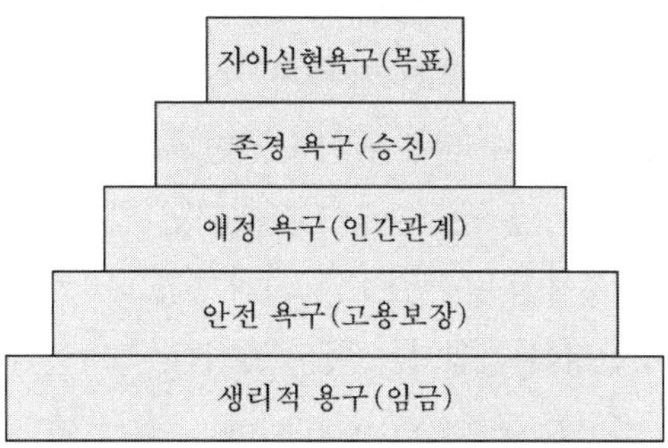

(3) 한계

Maslow의 욕구단계설의 한계점을 다음과 같다.

첫째, 인간의 욕구는 고정된 것이 아니며, 하위욕구와 상위욕구간의 경계는 애매하며 중복되어 있다. 둘째, 인간은 반드시 욕구에 의해서만 자극받는 것이 아니며, 오히려 규범이나 의무, 문화, 이념 등에 의해 영향을 받기도 한다. 셋째, 행동과 욕구는 단일개념이 아니며, 단일행동에는 다양한 욕구가 포함되어 있다. 넷째, 동일한 욕구에 의해 자극되더라도 모든 사람이 동일한 반응을 나타내지는 않는다. 다섯째, 욕구는 단계별로 진행되지 않으며, 어느 욕구가 충족되면 다른 욕구는 과소평가되기도 한다.

2) Herzberg의 욕구충족이원론

Herzberg에 의해 주창된 이론으로서 내재적 욕구는 동기요인에 의해 자극 받게 되며 이는 고(高)차적 욕구인 성취감, 책임감 등이 있으며, 반대로 외재적 욕구는 위생요인의 영향을 받으며 저(低)차적 욕구인 감독관리나 작업조건 등이 있다.

(1) 내용

첫째, 위생요인(hygiene factor)이다. 위생요인이란 개인의 욕구를 충족시키는데 있어서 주로 개인의 불만족을 방지해 주는 효과를 지니고 있으며, '불만족요인'이라고도 한다. 감독이나 보수, 대인관계, 작업조건, 동료와의 관계, 부하와의 관계, 지위, 안전, 책임, 개인생활 등 주로 '직무환경'과 관련된 요인들이 이에 해당된다. 이들 위생요인은 일하는 환경이 개선되면 불만이 줄거나 방지되며, 본능적이고 동물적 조건요소를 지니고 있다. 개선되거나 만족시킨다고 해서 생산성이 향상되는 것은 아니다.

둘째, 동기요인(motivation factor)이다. 동기요인은 직무에 대한 만족을 결정짓는데 영향을 미치는 요인이다. 이는 직무내용과 관련되어 직무에 대한 만족을 결정짓는다는 의미에서 '만족요인'이라고도 하는데, 성취감, 인정, 책임감, 성장과 발전, 직무 그 자체가 해당된다. 일에 대한 욕구나 일의 성취를 통해 자기실현을 유도하고 이를 통해 일의 성취도를 높인다. 동기요인은 개인직무의 책임이 확대될수록 스스로 강화되는 특성을 지니고 있다.

(2) 관리전략

위생요인과 동기요인의 관리전략을 살펴보면 다음과 같다.

첫째, 위생요인의 관리이다. 위생요인의 존재는 조직 구성원들을 동기부여 시키지 못한다. 그러나 위생요인은 반드시 존재하여야 하고 그렇지 못하면 불만족이 생긴다. 또한 위생요인이 존재하지 않는다면 동기요인은 효과적으로 이루어질 수 없다. 따라서 낮은 계층의 욕구도 적절히 관리되어야 할 필요성이 있다.

둘째, 동기부여요인의 관리이다. 동기부여요인은 직무내용요인으로서 동기를 부여하는데 있어서 만족감을 줄 수 있는 잠재력을 가지고 있기 때문에 중요한 요인이다. 따라서 관리자는 직무내용을 개선, 향상시키는데 주의를 기울여야 할 것이다.

2. 과정이론(Process theory)

1) 기대이론(Expectancy theory)

Vroom에 의해 완성된 이론이다. 개인은 자신의 행동형성과정에서 선택 가능한 행동대안 또는 행동전략을 평가하여 자기 자신이 가장 중요시하는 결과를 가져오리라고 믿어지는 행동대안 또는 전략을 선택하는 것을 연구한 이론이다.

개인은 보상의 가치가 가장 큰 행위를 선택하고 이러한 선택은 보다 많은 노력을 하는 대안을 선택할 것이다. 즉 개인의 노력으로 업적을 올리면 조직은 이를 보상하여 궁극적으로는 조직과 개인 모두에게 이익이 되는 결과를 얻게 된다.

2) 공정성이론

인지부조화의 분배정의 개념에 기초하여 Adams가 1963년에 발표한 이론으로서 개인과 개인 또는 개인과 조직 간의 교환관계에 초점을 두며 한 개인이 다른 사람들에 비해 얼마나 공정하게 대우를 받느냐 하는 느낌을 중시하는 이론이다. 동기부여에서 공정성이론의 핵심은 사람들의 행위가 타인들과의 관계에서 공정성을 유지하는 쪽으로 동기부여되는 것이 핵심이다.

첫째, 공정성은 자신의 투입-결과 비율이 타인의 투입-결과 비율과 동일할 때 발생하고, 공정성을 느낀 사람은 만족감을 경험한다. 둘째, 과대보상 불공정성은 자신의 투입-결과 비율이 타인의 투입-결과 비율보다 높은 경우에 발생하고, 과대보상의 경우에는 죄책감을 경험한다. 셋째, 과소보상 불공정성은 자신의 투입-결과 비율이 타인의 투입-결과 비율보다 낮은 경우에 발생하고, 과소보상의 경우에는 분노와 불만족을 경험한다.

한편, 불공정성의 결과는 조직에서 다음과 같은 결과를 초래한다. 첫째, 불공정성에 대한 지각은 개인 내에서 긴장을 초래한다. 둘째, 긴장의 크기는 지각된 불공정성의 규모에 비례한다. 셋째, 개인 내에서 초래된 긴장은 감소하도록 동기화한다. 넷째, 불공정성을 감소시키려는 동기는 지각된 불공정성의 규모에 비례한다.

서술한 내용은 〈그림 4-3〉과 같이 정리된다.

〈그림 4-3〉 불공정성 지각의 동기유발 과정

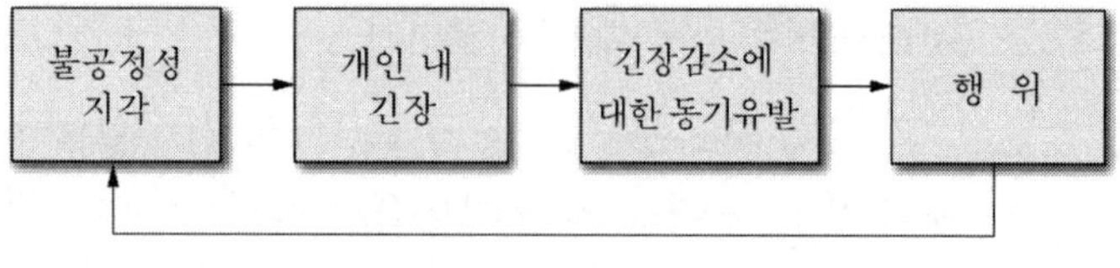

3) Porter-Lawler Model

Porter와 Lawler는 Vroom의 기대이론을 토대로 변수를 추가하고 공정성이론과 연계하여 총괄적인 동기모형을 제시하였다.

이 모형에 의하면 개인의 동기는 노력과 성과, 그리고 보상과 만족의 복합적인 함수로 나타나고 있으며, 성과와 보상에 대한 기대감과 보상에 대한 공정성개념과 개인의 특성 등도 중요한 요소로 작용한다. 특히 성과와 만족도의 관계를 새로이 정립하였는데, Herzberg의 욕구충족요인이론과 기존이론들이 가정해온 "만족도가 성과를 결정한다"(즉, 만족할수록 성과가 더 높아진다)는 가설을 [성과→(보상)→만족]과 같은 인과관계를 가지고 설명함으로써 [만족→성과] 가설을 제시하였다.

모형은 〈그림 4-4〉로 표현된다.

〈그림 4-4〉 포터와 로울러의 동기이론모형

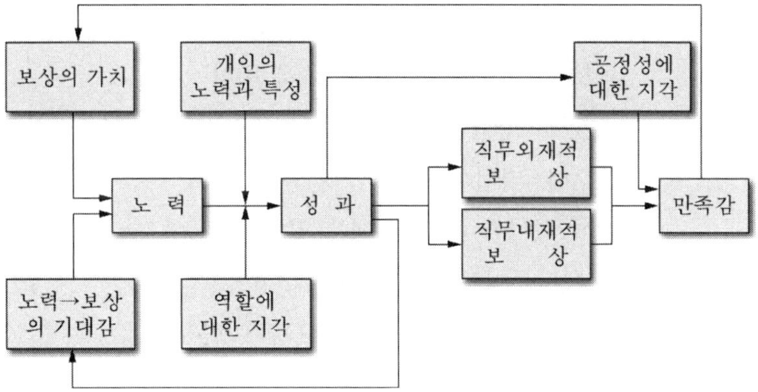

4) 목표설정이론

목표설정이론(goal setting theory)은 Locke에 의해 주창되었는데, 인간행동은 가치와 의도(Intention : 계획 혹은 목표)에 의해 결정되며, 의도(의지, 계획, 목표)가 동기화에 중요한 역할을 한다는 것이다. 이때 목표는 구체적이고 달성하기가 어렵게 설정될수록 더욱 효과적이라고 한다. 아울러 목표의 종류와 상황요인이 구성원의 동의와 참여를 통해 이루어진 것이라면 성과에 긍정적으로 작용한다. 따라서 가능한 목표설정과정에 당사자가 '참여'한다면 위에서 일방적으로 내려온 것보다 수용을 잘할 것이며, 당사자가 수용하는 범위 내에서 설정될 것이기 때문에 더욱 동기화될 수 있다. 예를 들어 그저 "열심히 해라", 최선을 다하자" 등보다는 목표가 구체적일수록, 그리고 합의가 이루어진 목표라면 더욱 동기부여화한다고 보고 있다.

목표설정이론을 구성하는 요소들을 크게 세 가지로 정리된다.

첫째, 목표의 설정이다. 설정의 내용은 난이도와 구체성으로 구별되는데, 난이도의 경우에는 능력범위 이내에서 약간 어려운 것이 좋으며, 목표는 가능한 구체성을 띠도록 수량, 기간, 절차, 범위가 구체적으로 정해진 목표가 좋다.

둘째, 목표의 종류이다. 목표를 수용하도록 하기 위해서는 일방적으로 지시한 것보다는 상대가 동의한 목표가 좋다. 그리고 목표설정과정에는 당사자가 참여할수록 좋다.

셋째, 상황요인이다. 목표이행 정도에 대해 당사자가 아는 것이 좋으며, 과업목표는 단순할수록 좋고, 목표달성에 준하는 합리적보상이 있어야 하며, 경쟁은 있는 것이 좋고, 능력이 높을수록 어려운 목표를 부여하는 것이 효과적이다.

성과에 영향을 주는 목표관련 변수들의 관계를 살펴보면 〈그림 4-5〉와 같다.

〈그림 4-5〉 목표설정이론의 체계

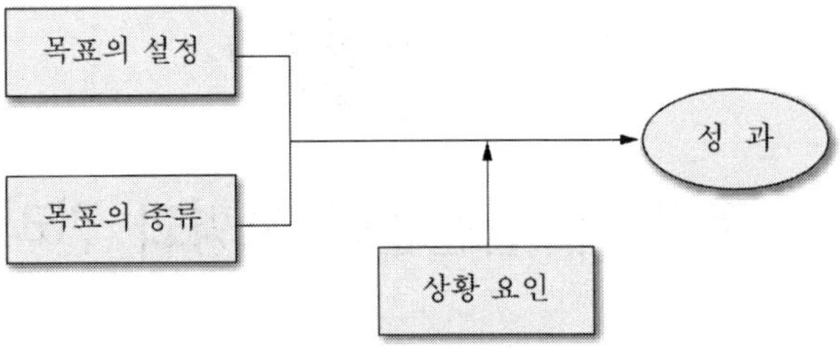

제 4 장

조직 내 인간관리 모형과 관리전략

제 1 절 인간관의 유형론

조직이론에서 "인간관"이란 조직관리의 대상으로서의 조직인을 어떻게 이해하는가에 대한 기초점이 된다. 조직에서의 인간관은 인간성의 시대적 흐름을 통해 연구되어 왔으며, 고전적인 관리접근법부터 인간관계적 접근, 이들 두 접근법을 통합한 관점의 접근법들이 진행되어 왔다.

대표적인 연구로는 Argyris의 성숙·미성숙 이론과 McGregor의 X·Y 이론, 그리고 Schein의 인간관 이론들이 있다.

1. Argyris의 성숙·미성숙 이론

인간의 성격을 시기별로 미성숙에서 성숙으로 이전되는데 이때 "성숙한 사람"으로 관리하면 동기부여가 잘 유발된다는 관점을 지닌 이론이다. 개인의 성격은 유아로부터 성인에 이르기까지 점차적으로 미성숙에서 성숙한 방향으로 성격이 형성하는데, 이 과정에서 개인의 수준과 조직체의 관계를 적절하게 관리할 수 있다는 것이 주요 내용이다.

인간은 미성숙한 단계에서는 수동적으로 행동하고 타인에게 의존하며 행동이 다양하지 못하고 관심이 분산되거나 오랜 시간 유지하지 못하며 단기적으로 전망하고 종속적 위치를 즐겨하며 자아의식이 결여된 상태에서 성격이 형성되고 유지되지만, 시간이 지나고 성격이 성숙화된 단계로 이전되면 주도적 행위를 하게 되고 독립심을 지니며 다양한 행동을 하게 되고 보다 깊게 사고하며 장기적 시각에서 판단하고 상대와 대등 또는 우월한 위치를 지니려하며 자아의식과 자기통제가 강하게 형성된다고 보았다.

따라서 조직에서는 조직인을 미성숙한 인간관으로 인지하는 경우에는 통제와 관리 중심적 관리전략을 사용하며, 반대로 성숙한 인간관으로 인지하는 경우에는 자율적이며 민주적인 관리전략을 사용하면 효과적으로 사람관리를 할 수 있다.

요약 정리하면 〈표 4-1〉과 같다.

〈표 4-1〉 미성숙성숙단계의 비교

미성숙단계	성숙단계
수동적 행위	주도적 행위
의존심	독립심
한정된 행동	다양한 행동
엉뚱하고 얕은 관심	보다 깊고 강한 관심
단기적 전망	장기적 전망
종속적 위치	대등 또는 우월한 위치
자아의식 결여	자아의식과 자기통제

2. McGregor의 X· Y 이론

사람의 욕구를 이원론적 시각으로 나누어 보았으며, 그 각각에 따라 관리전략을 다르게 활용해야 한다고 보는 이론이다.

1) 내용

(1) X이론

X이론 관점에서 인간의 욕구를 살펴보면 다음과 같다.

- 사람은 일을 싫어하고 가능하면 일을 안 하려는 성향을 지닌다.
- 사람은 야망이 없으며 책임지기 싫어하고 명령에 따르기를 원한다.
- 사람은 안정을 원하고 변화에 대해 저항적이다
- 사람은 자기중심적이고 조직요구에는 무관심하다
- 사람은 속기 쉽고 영리하지 못하다

(2) Y이론

Y이론 관점에서 인간의 욕구를 살펴보면 다음과 같다.

- 사람은 일을 좋아하며 일을 위해 노력한다.
- 사람은 조직목표를 위해 자기를 규제하고 통제한다.
- 사람은 조직목표에 헌신하며 업적과 보상을 중시한다.
- 사람은 책임지는 것을 좋아한다.
- 사람은 조직목표달성을 위해 비교적 높은 수준의 이상과 창의력을 발휘한다.

2) 관리방안

X이론에 입각한 경우에는 조직구성원들을 통제와 관리에 의한 타율적 관리를 하는 것이 효과적이며, Y이론에 입각한 경우에는 조직구성원들을 자율적이며 민주적으로 관리하는 것이 효과적이다. 가능

한 개인목표와 조직목표 통합을 통해 조화로움을 이끌도록 유도하는 것이 필요하다고 보고 있다. 그러나 McGregor의 X · Y이론은 개인차이를 고려하지 않고 획일적으로 이원화 방법으로 적용했다는 점에서 한계를 가지고 있으며, 특히 인간이 지닌 자율성을 부정하여 인간이 성숙화되는 단계로의 이전을 설명하지 못하는 한계를 지닌다.

3. Schein의 인간관

1) 인간관의 내용

Schein(1980)은 조직 내 인간에 대한 이론을 크게 네 가지로 분류하였다.

(1) 합리적 경제적 인간관

인간을 자신의 쾌락이나 이익을 극대화하기 위하여, 또는 고통이나 손실을 극소화시키기 위하여 행동하는 존재로 본다는 시각으로서 McGregor의 'X론적 인간', Maslow의 "생리적 · 안전욕구적 인간", Weber의 관료제론이나 Taylor의 과학적관리론 등이 해당된다.

주요 내용은 인간은 수동적이고 게으르기 때문에 외재적 유인에 의해서만 동기가 부여되며, 가장 중요한 것은 경제적 보상이라고 보고 있다. 부연하면 인간은 스스로 이익을 극대화하도록 행동하는 합리적 존재이기 때문에 조직은 인간의 감정을 통제할 수 있도록 설계되어야 한다.

(2) 사회적 인간관

인간을 주로 애정, 우정, 집단에의 귀속, 다른 사람으로 부터의 존경 등을 원하는 욕구를 지닌 존재로서 본다. 인간은 기본적으로 사회적 욕구에 의해 동기가 부여되고, 그의 정체감은 타인과의 관계 즉 상사나 부하와의 관계를 통하여 획득된다. Maslow의 "애정요구적 인간" 또는 인간관계론이 이에 해당된다. 따라서 인간은 조직 속에서 자연스럽게 비공식적인 인간관계를 형성하고 거기서 심리적 안정과 위안을 얻으며 조직과 자신을 일체화하는 존재이기 때문에 조직은 개인의 감정관리를 중요하게 관리를 해야 한다.

(3) 자아실현적 인간관

인간을 "자신의 잠재가능성을 구현하려는 경향이 있다"는 기초하에 이해하려는 시각이다. Maslow의 욕구단계 중 "자아실현적 인간"이 이에 해당되며, McGregor의 Y론, Argyris의 성숙이론 등이 이에 해당된다. 이들 시각에서 이해되는 인간은 직무를 통한 성숙, 자기실현, 자아성취에 보다 큰 의미를 지니고 있어 이에 대한 관리전략이 필요하다.

(4) 복잡한 인간관

인간은 복잡한 욕구를 가졌을 뿐만 아니라 그 욕구는 변하기 쉽고, 인간은 일상 또는 조직경험을 하는 가운데 욕구를 학습할 수 있다고 보고 있다. 인간이 동일한 일을 하는 경우에도 상이한 동기가 작용할 수 있기 때문에 동기, 능력, 일의 성격 등에 따라 서로 다른 관리전략에 반응을 보이는 복잡성을 지니고 있다는 시각이다.

2) 관리방안

기존의 인간관을 정리한 유형론들은 지나치게 인간을 단순화·일반화로 규격화한데 비하여 Schein의 인간관은 인간이 지닌 다양한 특성에 초점을 두고 다원적 관리가 필요한 것을 제시하였다. Schein은 인간이 지닌 개인적·사회적 배경과 개인이 담당한 직무와 소속된 조직의 성격에 따라 "개인차"를 진단하고 진단결과에 따라 상황조건적 관리전략을 구비하는 것이 효과적이라고 지적했다.

제 2 절 최근의 경향

조직이 환경과 상호작용을 하면서 조직과 조직구성원의 가치가 다양해지고 욕구 및 관련요인들의 영향력이 커짐에 따라 적극적으로 다양화된 가치를 지닌 조직인의 인간관을 인정・수용하는 편이다.

최근에는 조직인이 지닌 성격・욕구・기대・동기・능력 이외에도 지능과 감성 등의 요인들도 인정하고 이를 효율적으로 관리하기 위한 활동들을 하고 있다. 예를 들어 개인의 즐거움(fun)이 조직성과에 기여한다는 주장에 따라 "즐거운 직장 만들기"운동을 하거나 개인의 감성을 중요시 여겨 감정관리(emotional management)를 시도하는 조직이 늘어나는 경향들이 이에 해당된다.

사회복지조직의 경우에도 서비스를 전달하거나 제공하는 역할을 수행하는 사회복지사 개개인의 특성을 고려해서 그에 부합하는 관리전략을 제시할 때 효율적인 인간관리가 가능하다.

사회복지조직의 운영관리

제 5 편

조직연구에 있어 비공식집단과 집단구성원의 행동이 조직성과에 영향을 미친다는 사실이 입증되고, 동일한 사고와 가치를 지닌 조직인과 구성체를 구성하는 것이 불가능한 것임을 인지한 이후부터 조직운영은 다원적 관리에 대한 필요성이 증대되었다. Wilson(1973)은 "조직에 유입되는 이질적 가치와 이익 또는 관점들에 대하여 적절하게 반응하고 그들을 유인할 수 있는 체계와 방안이 필요하다"고 주장하였는데, 이는 조직의 다원적 관리(managing diversity)를 의미하며, 조직현상을 하나의 정치적 현실로 인정하고 이를 다원화된 관점에서 해결할 것을 주문하는 것이다.

조직운영관리는 조직 내부의 시스템 요소들과 연계된다. 조직성과를 창출하고 목표를 달성하기 위해서는 필요한 자원을 동원하고 효과적으로 관리하기 위한 정치적 권력과 연계되어 있다. Morgan(1986)은 다원화된 체제에서의 조직이란 개인과 집단이 각자의 이익 · 신념 · 선호 · 가치를 강화하고 보호하기 위하여 서로 결합하고 연합하는 복잡한 체계이며, 조직권력을 갖기 위하여 서로 다른 이익과 가치가 결합하고 협상하며 연합하는 행위가 나타나고, 이 과정에서 갈등요인이 발생되고 이를 해결하기 위한 과정의 이해가 필요하다고 보았다.

따라서 효율적인 조직운영을 위해서는 정치권력적 요인들에 대한 검토가 필요하다. 정치권력적 시각에서 조직을 이해할 경우 다음과 같은 내용들이 전제화된다(Bolman & Deal, 1984: 109; 김병섭 외, 2009: 382).

첫째, 조직 내에서 형성되는 중요결정은 희소자원의 배분과 관련되어 있다.

둘째, 조직은 다양한 개인과 이익집단으로 구성되어 있으며 이해관계 정도에 따라 결속정도가 다르다.

셋째, 조직을 형성하는 다양한 개인과 이익집단은 가치 · 선호 등에서 서로 다르게 인식하며 상호간에 다양한 영향을 미친다.

넷째, 조직에서 설정되는 목표나 결정은 조직에 참여하는 개인과 집단 간에 발생되는 협상 · 타협 · 조정의 결과를 거쳐 이루어진다.

본 편에서는 리더십과 갈등관리, 의사소통, 의사결정 등을 통해 조직운영의 다원적 관리 내용들을 살펴본다.

제 1 장

리 더 십

제 1 절 리더십의 의의

1. 리더십과 조직성과

조직에서 리더십의 중요성이 제기되는 이유는 리더의 역량에 따라 부하의 직무만족과 조직성과가 영향을 받으며, 리더십의 여부는 조직 성공과 실패, 조직효과성에 중요한 요인이 되기 때문이다. 특히 최근에는 조직을 둘러싼 환경변화 속도가 급속도로 빠르게 진행되기 때문에 조직이 효과적으로 환경에 대응하기 위해서는 리더의 존재가 그 어느 때보다도 강조되고 있다.

일부 학자들은 조직효과성에 영향을 미치는 요소들은 외부환경에 속하는 요인들이기 때문에 리더의 영향력은 한계가 있고 리더는 조직의 상징적 존재라고 주장하지만, 일반적으로 조직성과의 최종적 책임은 리더에게 있으며 현실적으로 조직목표를 설정하고 전략을 결정하며 조직구성원을 이끌어가는 중심적 역할을 리더가 하기 때문에 조직에서 리더존재는 중요하다(박우순, 1996:6). 특히 조직목표의 달성수준은 조직의 리더들이 조직구성원의 노력을 통합하고 조정하는 과정에서 핵심적 역할을 어떻게 하는가의 여부에 따라 결정되기 때문에 리더십의 필요성을 더욱 절실히 느낀다. 따라서 조직의 리더들은 조직의 구성원에게 영향력을 발휘하여 그들이 조직목표달성에 공헌할 수 있도록 사기를 앙양하고, 그들의 잠재적 능력을 활성화시킬 수 있는 리더십의 기술을 더욱 요구하고 있는 것이 현실이다.

2. 리더십의 정의

리더십은 '리더가 집단이 처한 상황과 집단구성원의 특성이나 기대를 고려하여, 구성원으로 하여금 집단목표를 달성하도록 사회적 영향력을 행사하는 과정'이다. 리더십은 수직적 관계에 있는 공식적 권한을 가진 조직의 상위에 있는 사람이 부하들과의 상호작용에 영향을 미침으로써 조직목표를 달성하는 권력적 행위를 실행하는 과정이라고 할 수 있다.

따라서 리더십은 리더와 부하, 그리고 주어진 환경의 복합적 작용에 의해 이루어지며 이들의 상호작용의 결과에 의해 리더십의 수준이 결정된다. 리더는 조직성과와 환경에 대해 책임을 지지만 부하나 추종자들은 리더의 지휘 하에 업무를 수행하며, 이때의 환경요인들은 리더와 부하 또는 추종자들 간의 상호작용과정에서 발생되는 요인들이며 심리적요인과 권력적 요인들이 해당된다.

정리해 보면 리더십은 다음의 특성들을 포함하고 있다.

첫째, 리더십은 리더와 부하나 추종자들의 수직적 관계에서 나타난다.

둘째, 리더십은 "공동의 목표"를 달성하는데 기여하도록 영향을 주는 기술이나 과정이다.

셋째, 리더십은 부하나 추종자의 자발적 행동을 전제로 한다. 아울러 리더가 지닌 정당한 권력에 기초하여 부하나 추종자들의 진정한 참여가 이루어져야 한다.

한편 리더에게는 주어진 기능을 수행하도록 권력이 부여되는데, Yukl(1989)은 직위 권력(position power), 개인적 권력(personal power), 정치적 권력(political power)을 지니고 있다고 보았다. 이때 직위권력은 조직에서 부여한 공식적 권위를 비롯하여 자원과 보상, 정보, 환경에 대한 통제권력으로 구성되어 있으며, 개인적 권력에는 리더 개인의 전문역량, 부하나 추종자들과의 우호성이나 충성심, 카리스마 등이 있으며, 정치적 권력에는 조직 간 연합(coalitions)이나 동맹(alliances), 적응적 흡수 통제능력 등이 있다.

제2절 리더십 이론과 유형

리더십 이론의 경우 리더의 자질을 강조한 자질론은 1940년에서부터 1950년에 걸쳐 진행되었고, 행태론적 이론은 1950년에서부터 1960년대에 이르렀으며, 현재는 상황 이론에 의거하여 1970년 이후부터 진행되고 있다는 것이 일반적 견해이다.

1. 자질론(trait approach)

초기 리더십 연구로서, 리더의 자질을 규명하고 확인하는데 초점을 둔 이론이다. 성공적인 리더들은 지도자로서 갖추어야 할 지적·감정적·정서적·육체적·개인적 자질들을 선천적으로 타고 태어난다는 것이다. 아울러 이들이 지닌 리더로서의 특성은 추종하는 집단들의 구성원들과 구별된다고 보고 있다.

2. 행태론(behavioral approach)

1950년대에 중점 연구된 이론들로서 리더 행태가 추종자들의 태도나 만족에 영향을 미치는 것에 기초하여 구성한 이론들로서 특히 추종자로 구성된 집단의 종류, 성격, 내부구조에 따라 리더십의 내용이나 유형이 달라진다는 점을 강조하고 있다.

1) Lippitt와 White의 소집단 연구

리더의 유형을 권위적 리더, 민주적 리더, 방임적 리더로 분류하여 이들 유형이 구성원의 과업성과와 만족에 어떤 영향을 미쳤는가를 연구한 이론이다.

각 유형의 리더들의 행동을 살펴보면, 첫째, 권위적 리더는 그룹을 위해 리더가 의사결정하고, 결정된 사항을 그룹 구성원에게 알린다. 둘째, 민주적 리더는 그룹 구성원들이 스스로 의사결정을 하도록 하고 리더는 의사결정점에 도달하도록 그룹 구성원을 돕는다. 셋째, 방임적 리더는 그룹 구성원과 리더 사이의 상호작용관계가 독립적이며 자율적 의사결정을 행한다.

연구결과를 보면, 업무의 양적 측면에서는 권위형 리더가 가장 효율적인 리더십을 발휘했으며, 업무의 질과 구성원의 만족측면에서는 민주형 리더가 가장 효율적으로 리더십을 발휘한 것으로 나타났다

2) 미시간 대학의 리더십 연구

리더의 행동, 집단과정, 집단성과간의 관계를 중심으로 직무중심적 리더와 부하중심적 리더로 유형화한 이론이다.

직무중심적 리더는 생산과업을 중요시하고 생산방법과 절차 등 세부적인 사항에 관심을 가지며 공식권한과 권력에 비교적 많이 의존하면서 부하들을 치밀하게 감독하는 행동 스타일의 리더이다.

반면에 부하중심적 리더는 부하와의 관계를 중요시하고 권한을 위임하며 지원적 업무환경을 조성하여 부하의 개인적 발전과 성장, 성취 등에 관심을 가지며 부하에게 자유재량권을 많이 주는 관리행동 스타일의 리더이다.

3) 오하이오 주립대학의 리더십 연구

리더십 유형은 구조주도와 배려에 따라 형성된다는 시각의 이론이다.

구조주도형 리더는 부하들의 역할을 명확히 정해주고 그들에게 기대하는 것이 무엇인지 알려주는 행동을 보이는 반면에, 배려형 리더는 부하들의 복지와 안녕, 지위, 공헌 등에 관심을 가져주는 행동을 보이는 행동적 특성을 지니고 있다. 구조주도의 강도가 높고 낮음에 따라, 그리고 배려 정도의 강도가 높고 낮음에 따라 리더십 유형은 크게 네 가지로 구성되며 그 각각의 리더십 특성들이 존재한다고 보았다.

4) 관리격자이론

Blake와 Mouton의 이론으로 수평축을 생산에 대한 관심과 수직축을 인간에 대한 관심의 두 영역으로 나누고 이를 격자로 계량화하여 리더의 행동유형을 다섯 가지로 분류하였다.

첫째, 무관심형(1·1형)이다. 리더의 생산과 인간에 대한 관심이 모두 낮아서 리더는 조직구성원으로서 자리를 유지하기 위해 필요한 최소한의 노력만 한다.

둘째, 인기형(1·9형)이다. 리더는 인간에 대한 관심은 매우 높으나 생산에 대한 관심은 매우 낮다. 리더는 부하와의 만족한 관계를 위하여 부하의 욕구에 관심을 갖고, 편안하고 우호적인 분위기로 이끈다.

셋째, 과업형(9·1형)이다. 리더는 생산에 대한 관심이 매우 높으나 인간에 대한 관심은 매우 낮다. 리더는 일의 효율성을 높이기 위해 인간적 요소를 최소화하도록 작업 조건을 정비하고 과업수행능력을 가장 중요하게 생각한다.

넷째, 중도형(5 · 5형)이다. 리더는 생산과 인간에 대해 적당히 관심을 갖는다. 그러므로 리더는 과업의 능률과 인간적 요소를 절충하여 적당한 수준에서 성과를 추구한다.

다섯째, 팀형(9 · 9형)이다. 인간과 과업 모두에 대한 관심이 매우 높다. 리더는 구성원과 조직의 공동목표 및 상호의존 관계를 강조하고, 상호 신뢰적이고 존경적인 관계와 구성원의 몰입을 통하여 과업을 달성한다.

리더의 행동유형 중 팀형(9 · 9형)이 가장 효율적으로 리더십을 발휘하는데 유용한 행동유형이며, 관련 내용은 〈그림 5-1〉과 같다.

〈그림 5-1〉 관리유형에 따른 지도 형태

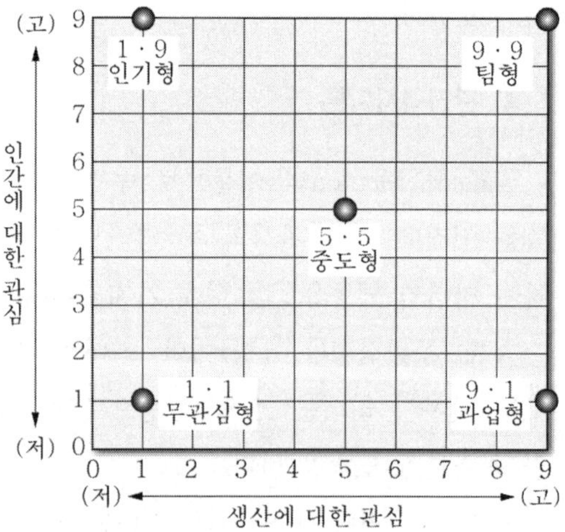

3. 상황론(contingency approach)

리더십 이론 중 자질론이나 행태론을 통해 이상적인 리더의 자질을 추출하려고 하였으나, "상황"에 적합한 리더의 자질을 발견하지 못했기 때문에 상황론이 대두되었다.

상황론은 지도자 개인의 자질보다는 조직과 개인을 둘러싼 환경요인이나 상황적 요인들에 의해 리더십은 변동된다는 점을 중시하며 리더의 인간적 자질보다는 사회적 자질이 중요하다고 보았다.

1) Fiedler의 상황적합성 이론

Fiedler의 이론으로서 상황에 부합되는 유효한 리더십을 추출하는 것을 연구한 이론으로서 리더가 처해 있는 상황이 호의적일수록 리더십도 촉진된다고 보았다.

상황적합성이론은 리더십 스타일의 유형분류와 리더십의 상황요인을 중요하게 인식하고 있는데, 과업구조와 리더와 구성원의 관계, 리더의 직위권력을 중요한 요인으로 보고 있다.

첫째, 과업구조(task structure)이다. 과업이 일상적인가 또는 복잡한가의 여부에 따라 과업의 명확성, 복표달성의 복잡성, 의사결정의 변동 등이 영향을 받으며 이에 따라 리더십 상황이 결정된다.

둘째, 리더와 구성원의 관계(leader-menber relations)이다. 집단내 리더와 구성원 사이의 신뢰나 친밀감, 리더에 대한 존경여부에 따라 리더십 상황이 결정된다.

셋째, 리더의 직위권력(leader's position power)이다. 리더가 구성원에게 영향을 미칠 수 있는 능력으로서 공식적·합법적·강압적 권력 등이 있으며 리더가 지닌 권력정도가 리더십 상황에 영향을 미친다.

〈그림 5-2〉와 같이 세 가지요소의 조화에 의해 성과여부가 결정되는데, 리더성격과 특성에 적합한 집단구성원이 구성되거나 리더에게 적합한 업무가 배정되거나 리더 역할 수행에 대한 지원이 올바르게 이루어지거나 하는 등의 상황적 조건이 적절하게 구성이 된다면 리더십의 효과를 기대할 수 있다.

〈그림 5-2〉 지도자 유형에 대한 Fiedler의 예측모형

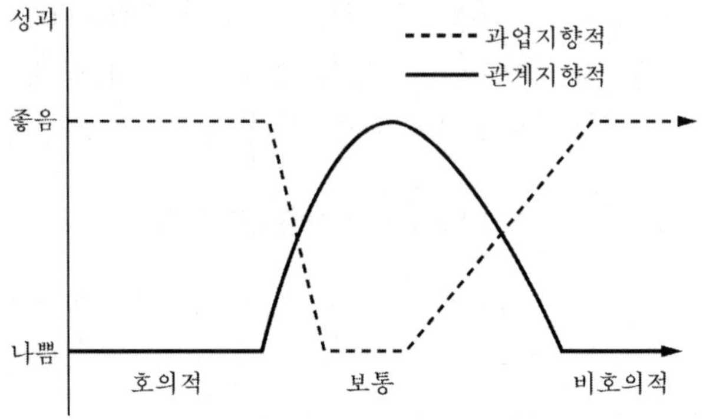

상황변수								
리더-성원관계	좋음	좋음	좋음	좋음	나쁨	나쁨	나쁨	나쁨
과업구조	고	고	저	저	고	고	저	저
리더의 직위권력	강	약	강	약	강	약	강	약

출처 : Fiedler(1967)

2) Hersey와 Blanchard의 상황대응 리더십 이론

리더의 배려와 구조주도 행위가 리더십 유효성과 일관된 결과를 보여주지 못한 점에 착안하여 "상황대응 리더십이론"이라 칭하고 발표한 이론이다.

과업을 수행하는 부하의 성숙도에 따라 과업과 관계행위의 비중을 조정하는 것이 필요하며 부하의 성숙도를 높이는 것이 리더의 임무로 보고 있다. 이때의 성숙도란 부하가 달성 가능한 범위 내에서 높은 목표를 세울 수 있는 역량, 그리고 부하가 자신의 일에 대해서 책임을 지려는 의지와 능력, 부하가 과업과 관련된 교육과 경험 등을 의미한다.

〈그림 5-3〉에서 제시하듯이, 부하의 성숙도가 낮을수록 리더는 지시적 리더십을 활용하면 효과적이며 시간이 진행되면서 부하들의 성숙도가 M1에서 M4로 진행될수록 설득적, 참여적, 위임적 리더십을 활용할 때 가장 효과적인 리더십을 발휘한다고 보았다.

〈그림 5-3〉 상황대응 리더십 모형

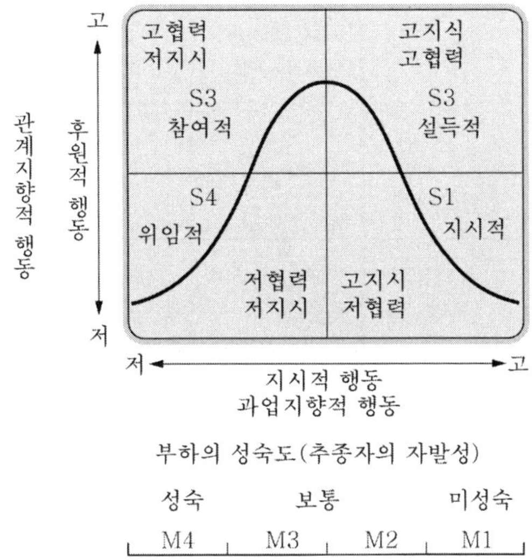

출처 : Hersey & Blanchard(1982:152)

3) 슈퍼리더십(super leadership)

슈퍼리더십은 부하로 하여금 자발적으로 리더십을 발휘할 수 있도록 부하의 능력개발 및 이를 발휘할 수 있는 여건을 조성하는 리더의 행위를 강조하는 이론으로서 최근 가장 각광을 받고 있다.

과거에는 리더들이 명령이나 보상 등의 권력적 수단을 지니고 조직목표를 달성하려고 활동하였다면, 최근에는 리더와 부하직원의 관계요인이나 또는 공유가치 등의 수단을 통해 부하직원이나 추종자들 스스로 동기부여화하도록 지원하는 방식으로 리더십이 변화되어야 한다는 것이 주요 내용이다. 특히 조직운영방식이 통제나 타율적 관리방식에서 점차 참여나 지원을 기초로 자율적 관리방식으로 전환되고 있기 때문에 조직구성원들의 주인의식이 절대적으로 요구되고 이 과정에서 리더가 부하직원에게 스스로 리더십을 지니도록 셀프리더(self leader)로 변화시키는 영향력을 발휘하여 조직을 운영하는 것이 효과적이라고 보았다.

서술한 내용은 〈표 5-1〉과 같이 정리한다.

〈표 5-1〉 리더십의 유형별 비교

리 더 / 특 성	강자형 리더 (strong man)	거래적 리더 (transactor)	비전제시형 리더 (visionary hero)	슈퍼리더 (super leader)
초점	명령	보상	Vision	Self-Leadership
권력의 종류	직위/권한/강제	보상	관계적/영감적	공유가치
추종자들의 반응	강압에 의한 복종	계산상의 복종	리더의 Vision에 기초한 감정적 동화	주인의식에 기초한 동화
지혜와 방향 설정의 원천	리더	리더	리더	대부분 부하 그리고 리더
전형적인 리더의 행동	지시/명령/성과와 관련 없는 질책	목표달성/성과에 따른 보상/성과에 따른 질책	비전제시/현상/변화/설득	자기 스스로의 목표 설정과 보상 등의 행동을 부하에게 보임

제 3 절 효과적인 리더십의 발휘

리더십의 효과적 발휘를 위해서는 리더의 자질, 추종자나 부하들의 개인적 능력, 리더와 추종자나 부하들 상호작용의 수준과 강도, 그리고 이들을 둘러싼 상황요인들이 중요하다(민진, 2004: 229).

이때 추종자의 특성이나 욕구, 조직의 특성, 제반여건을 고려해서 리더의 행동과 유형이 결정되어야 하며 추종자들의 자발적인 노력이 있어야 하고 이를 위해 리더의 솔선수범이 선행되어야 한다. 특히 구성원에게 영향을 미치는 "조직문화"나 "가치관" 등도 동시에 고려되어야 하는데, 권위적인 문화나 가치관, 또는 권력적 요인에서 탈피하여 민주적인 문화나 가치관을 지니도록 유도될수록 리더십의 효율성을 확보할 수 있다.

제 2 장

갈 등 관 리

제 1 절 갈등의 의의

흔히 현대사회를 조직사회라고 칭한다. 많은 사람들과 집단들이 제각기 목표를 가지고 활동하다 보면 조직의 필요성을 느끼고 조직생활을 하는 것을 당연한 선택으로 인식한다. 그러나 많은 사람은 개인적으로 지닌 특수성과 해석의 차이 때문에 필수적으로 조직과 마찰이나 불편한 관계가 발생하기 마련이며 그 결과는 갈등을 발생시키는 보편적인 현상으로 나타나고 있다. 그렇다고 갈등을 발생시키지 않을 목적으로 조직생활을 회피할 수도 없는 입장인 것을 고려한다면 결국은 갈등을 효율적으로 관리하면서 조직생활을 하는 것이 필연적이라 하겠다.

1. 갈등의 정의

갈등의 출발은 항상 지각이나 인식에서 출발된다. 특히 개인이 지닌 각종욕구 및 목표의 상충이나 가치관, 신념 등의 차이로 인하여 개인을 둘러싼 요소들과 외부에 존재하는 요소들 상호간의 관계성을 개인이 어떻게 인식하고 이해하는가에 따라 갈등을 보는 시각이 다르게 평가되는 것이다.

갈등은 어느 한사람이 자신의 관심사를 다른 한쪽에서 좌절시키려고 한다는 의식이나 지각(perception)이 시도될 때 시작되는 과정이다. 또는 서로 상충되는 두 가지 욕구나 기회 혹은 목표에 부딪쳤을 때 일어나는 현상이다. 개인이든 또는 집단이든 기대한 계획 목표치를 달성하는데 타인이나 다른 집단으로부터 장애나 견제, 또는 방해로 인식되는 활동이 느껴질 때 나타나는 심리적 압박이나 부담감이 행동으로 나타나는 단계까지를 포함한다. 따라서 갈등이 형성되려면 외부상황에 의해 적대적인 심리관계와 적대적인 상호작용이 포함되어야 한다.

갈등은 관점에 따라서 다양하게 정의되는데 대표적으로 제시되는 경우를 살펴보자.

첫째, 심리학적 측면에서는 갈등이란 유인가(value)는 대체로 비슷하나 그 방향이 상반되는 둘 이상의 목표에 직면하여 어떤 방향으로도 움직일 수 없는 상태라고 정의한다. 의사결정의 측면에서는 갈등을 의사결정의 표준메커니즘에 고장이 생김으로써 대안의 선택에 개인이나 집단이 곤란을 겪는 상황으로 정의한다.

둘째, 조직관리적 측면에서는 갈등을 희소자원이나 작업활동을 배분하게 될 때나 목표, 가치, 인지 등의 차이가 존재할 때 둘 이상의 개인 간이나 집단 내에서 일어나는 대립적 작용으로 정의하고 있다.

학자들의 갈등에 대한 정의도 살펴보자. Litter는 갈등이란 어떤 개인이나 집단이 다른 사람이나 집단의 상호작용이나 활동으로 상대적 손실을 지각한 결과, 대립·다툼·적대감이 발생하는 행동의 한 형태라고 보았다. Pondy는 심리적 대립감과 대립적 행동을 내포하는 동태적 과정으로 정의했다. Walton은 경쟁, 지위, 대항, 협상, 태업, 언어남용 등과 같은 여러 형태 중에서 어느 하나가 개인의 의도와 상반되는 과정으로 갈등을 정의했다. 정리하면 갈등이란 희소자원이나 업무의 불균형배분 또는 목표, 가치, 인지 등의 차이로 인해서 개인, 집단 및 조직의 심리, 행동 또는 그 양면에 나타나는 대립적 상호작용이라고 정의할 수 있다.

2. 갈등의 속성과 기능

흔히 갈등을 표현하는 단어들을 열거해 보면 나쁜 것, 부정적, 어둡고 침울한 것으로 이미지를 갖는 것이 일반적이다. 그 이유는 우리와 같이 엄격한 가부장문화나 유교문화에 익숙한 경험세계를 지닌 경우 갈등을 노출시키고 시시비비를 가리는 노출된 개방문화를 지향하기란 쉬운 일이 아니고, 대부분 직위에 의한 힘(position power)에 의해 갈등이 해결되는 경우가 많기 때문에 갈등을 긍정적으로 해석하기란 쉽지 않을 것이다.

그러나 갈등은 반드시 부정적 있는 것이 아니다. 적절한 갈등은 오히려 문제를 해결하는데 도움을 준다. 조직이나 개인이 현실에 안주하고 늘 좋은 게 좋다는 식의 사고방식이나 조직운영방식은 현실에 안주하도록 하기 때문에 문제의식을 지니고 현실을 보다 분석적·비판적으로 이해하려는 의식이 필요로 되며 이것은 갈등에서도 도출된다. 갈등이란 긍정적·부정적 요소를 동시에 수용하기 때문에 조직이나 개인이 적절하게 갈등관리를 한다면 소기의 목적을 달성하는데 필요한 에너지를 공급하는 역할을 할 것이다.

갈등관리분야의 유명한 학자인 Coser의 주장에 따르면 갈등이란 그 자체가 문제가 아니라 그것이 어떻게 다루어지는가에 갈등을 이해하는 초점이 맞추어져야 한다고 보고 있다. 즉 갈등이란 단순히 존재하는 그 자체가 중요한 것이 아니라 어떻게 관리하고 운영할 것인가에 관심을 두어야 한다는 것이다.

갈등의 기능을 구체화하면 다음과 같다.

첫째, 갈등은 조직자체를 불안과 무질서로 몰아가는 경향이 있으며, 이 과정에서 균형화, 안정화를 유도하기 위해 조직 스스로를 자정(自靜)화시키는 기능을 지녀 궁극적으로는 새로운 균형 상태를 지향(체제의 항상성)하며 조직을 동태적으로 성장시키고 발전의 계기를 마련하는데 기여한다.

둘째, 갈등은 조직의 모든 현상을 통합하는데 기여한다. 조직 내 부정적 현상이 노출되는 과정에서 조직 내 시스템이 파괴되는데 갈등이 원인 구실을 하지만, 상대적으로 갈등을 수습하는 과정에서 조직의 응집력을 강화하고 시스템을 통합하는데 기여하는 기능을 지니게 된다. 즉 비 온 뒤에 땅이 더 단단히 굳는 현상이 갈등을 통해 이루어지는 것이다.

셋째, 갈등은 안정을 추구하며 새로운 돌파구를 모색하는데 기여한다. 갈등은 개인, 집단, 조직에 불안과 긴장을 가져와 안정성을 파괴하는 역할도 있지만, 상대적으로 어느 정도의 갈등과 불안은 오히려 동태적인 변화와 발전의 돌파구를 제공하는데 기여하기도 한다.

넷째, 갈등은 조직에 창의성과 개혁을 유도하는 에너지원 구실을 한다. 갈등을 통해 노출된 조직의 부정적 요인들을 제거하여 현상을 유지하려는 조직의 타성이나 관성을 탈피하고 새로운 아이디어 모색이나 도전, 실험 등을 통해 새로움을 추구하는데 기여하는 구실을 한다.

따라서 갈등은 생산적 요소를 자극하는 순기능을 지니고 있으며, 반대로 운영상 장애요인을 발생시키는 원인이 되어 파괴적 요소를 창출하는 역기능을 지니고 있어 양면적 속성이 있으며, 기능상으로 보면 단순히 조직의 부정적 면을 관리하는 수동적 역할만이 아니라 조직의 성장과 발전에 기여하는 능동적인 면을 동시에 지니고 있다고 할 수 있다.

제2절 갈등의 원인

갈등의 원천을 고려해 볼 때, 갈등의 원인은 개인단위, 부서(팀) 단위, 조직단위로 그 원인들을 나누어 살펴볼 수 있다.

1. 개인 단위 원인

개인적 단위의 갈등은 실제 조직 갈등의 대상은 아니다. 그러나 개인적으로 대립되는 두 가지 요인이 있을 때 이를 어떻게 선택하고 이해하는가의 여부에 따라 문제를 해결하는 방식이 전혀 다르게 나타나기 때문에 개인단위의 갈등은 중요성을 띠게 된다. 즉 갈등을 개인적으로 긍정적, 발전적 시각으로 해석하거나 또는 부정적 요인에 의해 왜곡된 경우로 해석될 수 있는 것이다. 그 원인들을 살펴보면 몇 가지로 나뉜다.

1) 본능

Freud는 인간 내부의 심리상태는 삶의 충동과 죽음의 충동이 끊임없이 충돌하며, 이 과정에서 삶의 충동이 강해지면 에너지나 희망, 발전, 포용성 등의 행동을 취하지만, 반대로 죽음의 충동이 강해지면 공격성, 폭력성, 잔인성 등의 행동표현이 유도된다고 보고 있다. 흔히 회사생활 중 결재를 받을 때 상사의 기분이나 심리상태를 고려하는 행위는 상사가 지닌 본능적인 감정요소를 적절하게 이해하여 효과적으로 결재를 받으려는 일종의 갈등예방관리라고 볼 수 있다.

2) 욕구좌절

개인들은 사회생활을 하면서 경쟁적 욕구와 역할을 갖기 마련이다. 추구하는 욕구와 역할의 표출방법이 다양하게 나타나고, 상대적으로 욕구와 추구하는 목표사이에 다양한 장애요인이 있어 서로 충돌할 경우 대부분 갈등과 긴장을 유발시키게 된다. 이때 느껴지는 감정이나 행동은 극히 공격적이거나 정서적으로 불안하여 매우 불안정한 심리적 상태를 지니게 된다.

3) 방어기제

사람들은 누구나 자신을 둘러싼 환경요소로부터 불안, 긴장, 초조 등의 억압이 밀려올 경우 무방비상태로 있기보다는 무엇인가 방어하려는 행동을 시도한다. 이때 낭패된 현실을 부인하거나 또는 자신의 실수를 정당화하거나 자신의 결점이나 약점을 남의 것인 것처럼 투사해 버리는 행동을 하면서 현실로부터 탈피하려는 갈등을 하게 된다.

4) 사회적 학습

유아시절부터 사회적 학습을 받으면서 배워온 학습결과가 현실과 맞지 않는 경우 사람들은 스스로 갈등하게 된다. 특히 규범적이고 반드시 옳다고 학습 받은 결과일수록 갈등의 강도가 강하게 나타난다. 예를 들면 반드시 공부를 잘해야 모범생이고 미래를 보장받는다는 식의 학습이 실제 학교생활에서 반대의 결과를 갖거나 적응하지 못하는 경우 학교로부터 이탈되는 현상을 볼 수 있다. 조직에서도 보면 항상 적극적이며 자신을 능동적으로 표현할 줄 아는 사람만이 출세한다는 식의 처세술 교육은 그 반대에 해당되는 구성원들에게 심한 갈등이나 정서적 불안감을 유도하여 매우 공격적이거나 배타적인 방어적 행동을 하도록 하는데 기인한다.

2. 부서(팀) 단위 원인

개인들은 조직 내에서 집단을 구성하고 그 속에서 공존하면서 생활을 영위한다. 따라서 부서 단위의 요인들이 개인의 조직생활에 장애요인이 되는 경우 갈등을 발생시킬 수 있는 요인이 되기도 한다.

1) 역할과 지위

모든 조직은 공동목표를 지니고 있다. 그리고 이들 공동목표를 효율적으로 달성하기 위해 필요로 되는 기능을 각자의 역할에 따라 분담하고 서로간의 신뢰와 협조를 바탕으로 일을 추진하게 된다.

그러나 상위목표에서는 공동적인 일체감을 지니더라도 하위목표로 내려올수록 목표들이 세부적, 구체적, 상호의존성을 지니기 때문에 업무활동영역이 결과적으로 반대적 성격을 지니거나 또는 일정대로 지켜지지 않는 경우가 발생되고, 이 현상은 상대방이 기대하는 역할을 제대로 수행해 주지 않아 발생되는 역할 차원에서의 부서 내 갈등이 되는 것이다.

아울러 조직구성원간의 지위도 연계된다. 특히 우리의 경우 유교문화나 남성중심, 연공서열 중심의 문화가 지위에 영향을 미쳐 윗사람의 의지나 생각, 결정은 항상 옳고 따라야 한다는 일방적인 지위개념이 갈등을 유발시킨다. 예를 들면 상사의 주장이나 생각을 부하직원은 반드시 따라야 하고 만약 이에 반대할 경우 저항이나 부정적 태도를 지닌 것으로 평가해 버리는 현상들은 해당되는 경우이다.

2) 집단활동에 따른 인식과 지각의 차이

부서별로 오랜 기간 동안 형성한 집단분위기나 관습이 서로 다르거나, 또는 부서별로 추구하는 가치나 역할이 다른 경우 갈등요인을 지니게 된다. 특히 상충되는 목적(incompatible goal)이나 상호 배타적 이해관계(mutually exclusive interest)를 지닐 경우 갈등이 발생될 가능성이 높다.

예를 들면 재정을 관리하는 재정경제부와 복지예산을 집행하는 보건가족복지부의 관계가 이에 해당된다. 같은 조직활동을 하지만, 효율성을 강조하여 재정지출을 축소하려는 재정경제부와 복지예산 확대를 기대하는 보건가족복지부의 입장이 유지되면서 상대부서 목표나 활동영역을 올바로 이해하지 않고 자신이 속한 집단 특성만을 강조하는 경우에는 갈등이 발생하는 원인이 된다.

3) 관리자의 리더십

조직에서 의미하는 직위란 업무수행을 위한 권한과 책임의 영향력 정도를 의미한다. 아울러 직위가 구성원 간에 차등적으로 부여된다는 것은 부과된 정도만큼 책임과 의무를 지니고 있다는 것을 뜻한다. 따라서 상층부로 갈수록 책임과 의무범위는 커지며, 이를 달성하기 위한 영향력도 중요시된다. 즉 관리자들은 업무수행과 관련하여 영향력을 행사하는 범위나 강도가 상대적으로 하부단위의 부하들에 비해 크며, 이 행사과정에서 갈등이 발생될 확률이 높다. 같은 일을 하더라도 관리자가 느끼는 범위와 부하가 느끼는 범위에는 한계와 차이가 있으며, 이를 적절하게 이해 못할 경우 직급 간에 격차를 느끼기 때문이다.

그러나 무엇보다 중요한 것은 관리자의 능력이나 개인적 성향에 의해 영향력을 행사하는 능력, 즉 리더십의 활용능력은 갈등의 차이를 느낄 수 있다. 민주적 스타일을 지향하는 리더와 독재 또는 방임형 스타일의 리더간의 영향력 행사는 갈등을 발생시키는 차이가 있다. 일반적으로 독재형 리더 또는 방임형 리더가 민주적 리더보다 갈등을 발생시킬 확률이 높다는 것이 일반적인 결론이다.

3. 조직단위 원인

조직의 구성요소로는 조직의 목표, 구성원의 특성, 조직의 규모, 분화, 의사전달, 권력구조, 의사결정에의 참여의 정도, 보상제도 등 주로 환경적 요인들에 의해서 갈등이 발생된다. 이를 보다 구체화하면 다음과 같다.

1) 목표의 차이

개인 또는 조직단위는 각자가 추구하는 목표나 이해관계가 상이할 때 갈등을 발생시킨다.

조직은 목표를 달성하기 위해 나름대로 기능의 분화와 통합을 시도한다. 이 과정에서 부문별 또는 사업부별로 목표를 배분하고 배분된 목표에 따라 기능도 배분된다. 그러나 기능배분은 필수적으로 부서 상호간에 갈등을 가져오게 된다. 즉 한 부서의 기능을 강화하게 되면 상대적으로 반대기능을 지닌 부서는 기능 축소와 약화를 가져오기 때문이다.

2) 구조적 분화와 전문화

사회가 복잡화·이질화됨에 따라 조직이 환경에 적응하기 위하여 조직구조를 분화(structural differentiation)시키며 개인에게 능력의 전문화를 요구하는데, 이 과정에서 조직 내에 긴장과 갈등이 유발된다.

개인능력 전문화는 조직 내 단위 부서의 과, 부를 세분화시키는 결과를 가져오고 조직규모를 증대시킨다. 그러나 규모가 커진 부분만큼 관리대상과 영역도 넓어지며 그에 따라 조정을 필수적으로 요구하기 때문에 갈등의 원인이 되는 잠재요소를 지니게 된다.

따라서 조직구조의 분화와 전문화는 조직규모와 구성원의 능력에 영향을 미치는 중요한 원인이 된다.

3) 의사소통의 왜곡

조직단위에서의 의사소통의 왜곡은 주로 수직적 과정에서 나타난다. 정보가 계층에 따라 위, 아래로 통과하는 과정에서 실제와는 전혀 다르게 전달된다. 특히 상층부의 성향이나 분위기에 따라 자의적 해석을 하고 이를 하부단위로 전파시킴으로써 왜곡현상을 유도시켜 결국 갈등으로 이어지는 결과를 야기시킨다.

4) 업무흐름에 따른 상호의존성(interdependence)

조직은 분업의 원리에 따라 명백하지만 조정된 기능을 수행하는 상호의존적인 부분의 체제이다. 조직 내 집단들은 공식적 구조설계와 유기적인 관계에 의해서 상호작용과 의존관계를 형성하며 나름대로의 조직 목표를 달성한다. 따라서 조직에서 부서들 간에 업무처리과정에서 상호의존성이 높아서 개인이나 집단이 목표달성을 위해 상대방의 과업수행에 의존하거나 지원을 받아야 하는 상황들이 자주 발생되면 필연적으로 갈등이 일어나게 된다.

상호의존성은 크게 공통적 상호의존성(pooled interdependence), 순차적 상호의존성(sequential interdependence), 교호적 상호의존성(reciprocal interdependence)등 세 가지 범주로 구분할 수 있다.

첫째, 공통적 상호의존성이다. 집단들이 조직체의 자원을 공동으로 사용하지만, 상호간에 일상적인 연관성을 지니기보다는 독립적인 객체로서 편성 운영하기를 원한다. 그러나 조직 내 자원은 상호간에 공동으로 사용하는 것을 자연스럽게 이해하고 상호간에 의존하려는 관계를 지닌 경우이다. 대부분 지역별로 공동자원을 사용할 때 나타나는 관계성이다.

둘째, 순차적 상호의존성이다. 집단들이 조직체의 자원을 공동으로 사용할 뿐만 아니라 집단들 사이의 투입 및 산출활동이 업무상

순차적으로 이루어져 필연적으로 상호의존성을 지닐 경우 나타나는 경우이다.

셋째, 교호적 상호의존성이다. 상호의존성을 표현하는 유형 중 가장 복잡한 유형으로서, 앞서 서술한 두 유형과 다르게 집단 간에 업무절차가 순차적이기보다는 매우 복합적이고 종합적 성격을 띠며 상호간에 매우 의존적 성격을 띤다는 점이 다르다.

이처럼 집단 간의 의존관계는 상호관계성의 정도를 나타내는 지표이다. 의존관계가 높아질수록 갈등요인은 잠재되어 있는데, 세 가지 유형 중 가장 갈등 잠재요소를 지닌 유형은 교호적 상호의존성을 지닌 유형이다.

결과적으로 집단 간 갈등은 의존관계와 상호관련성이 높을수록 갈등이 있을 것이라고 보는 것이 일반적이다. 특히 부서 간에 관계에서 업무가 한쪽에서 일방적으로 이루어지거나 또는 상호간에 동기유발을 할 수 없는 관계를 지니거나 서열이나 권력에 의해 한쪽 부서가 일방적 지위를 이용하여 무조건적 업무를 지시하거나 하는 등의 상황에서 교호적 상호의존성을 지니게 되면 갈등수준은 높아질 것이다.

제3절 갈등이 발생될 때 나타나는 현상들

갈등현상은 개인차원에서 또는 조직차원에서 객관적인 갈등관리에 필수적 사항이다. 그 이유는 갈등 자체가 심리적 성격을 띠며 주관적 사항이기 때문에 가능한 객관화시켜 갈등을 관리하려는 목적이 있다면 갈등현상의 분석과 이해는 중요하기 때문이다.

갈등수준정도에 따라 나타나는 행동들을 정리하여 보면 갈등이 전혀 발생되지 않을 때는 정상행동을 하지만 갈등을 느끼고 점차 갈등 강도가 강해질수록 사람들은 오해, 질문, 불찬성, 문제제기, 자기주장, 위협, 물리적 공격, 파괴, 비정상 행동 등의 행동을 보이게 된다.

따라서 갈등수준 정도를 살펴보려면 당사자의 행동을 관찰하거나 이를 지속적으로 점검, 검토하면 어느 정도의 갈등관리를 위한 현상분석은 가능하다고 보겠다.

1. 개인적 갈등에 따른 반응

1) 잠재화된 갈등반응

잠재화되어 있는 갈등이란 외부적으로 행동화되지 않은 갈등을 의미한다. 개인적으로 갈등을 인식하는 범위는 "한계역(threshold)" 내에 있을 때 가능한 것인데, 인지된 갈등이 갈등할 수 있는 한계범위를 넘어설 경우 개인적으로 인내심이나 관대함을 보여주거나 또는 전혀 갈등반응을 보이지 않는 잠재적 행동을 하게 된다. 예를 들면 묵시적으로 순종하거나 위장된 행동을 하거나 무조건적 반응을 보임으로써 잠재적 갈등을 표시한다.

2) 욕구를 조정

갈등이 발생되면 만족할 만한 이득을 얻기 위하여 나름대로 갈등극복을 위한 방법과 대책을 모색한다. 이를 "갈등의 탐색행위"라고 하는데, 개인에게는 갈등극복을 위한 반응으로 자주 사용된다.

아무런 긍정적 결과를 얻기 힘들거나, 또는 기존의 기준치로는 얻고자 하는 결과를 얻기 어려운 경우 욕구수준을 낮추거나 포기 등의 여러 행동을 통해 스스로의 욕구를 조정하는 행동을 한다.

개인은 욕구조정을 통해 스스로의 갈등을 해결하려는 내재적 반응을 보이는 것이다.

3) 방어기제를 사용

기대한 만족수준 만큼 결과가 나타나지 않을 경우 자기 만족감을 확보하기 위한 차원에서 강력한 행동들을 사용하는데, 이를 방어기제라 한다. 방어기제로는 공격, 회피, 합리화, 억압, 부정 등의 행동들이 있다.

방어기제를 사용하면 단기적으로는 자기회복 등의 효과가 있으나, 장기적으로 보면 지속적 방어기제 사용에 따른 정신적, 육체적 손실이 있다.

2. 개인 간 갈등에 따른 반응

갈등은 부분적으로, 잠재적으로 존재한다. 아울러 갈등은 당사자 일방 또는 양방에 존재한다. 따라서 양 당사자나 제 3자는 갈등소재를 적극적으로 인식하는 것이 좋은지 아니면 회피하여 수동적으로 인식하는 것이 좋은 것인지를 선택할 필요가 있다. 즉 갈등을 인지하는 반응은 갈등이 형성되는 최초의 행동이며, 해결과정에서 갈등을 공개적으로 해결할 것인지 아니면 간접적으로 할 것이지를 결정하는 판단행동까지가 결과적으로 반응에 영향을 미치게 되는 것이다.

1) 잠재적 갈등의 경우

갈등자체를 인지할 필요성을 못 느끼는 대인간 관계에서는 수동적 행동을 하게 된다. 쌍방 간에 갈등의 필요성을 느끼지 않는 경우라면 관계형성이 필요 없으며, 관계에 큰 변화가 없는 현상유지를 하게 된다.

그러나 갈등을 인지하는 것이 타당하다면 갈등을 의식화하는 것이 좋으며, 일련의 행동을 통해 갈등을 해소하려는 반응을 보이게 된다.

2) 갈등을 느끼는 경우

갈등 노출을 피할 수는 있지만, 조정이 불가능하다면 이 경우 대인간에서 나타나는 행동은 행동의 후퇴, 격리, 무관심 내지는 무시 등 갈등을 회피하는 전략을 추구한다.

3) 갈등이 드러난 경우

갈등이 노출되고 능동적으로 이해되며 조정이 가능한 경우 대인간에는 문제해결이나 타협 및 공존을 취하게 된다. 쌍방 간에 긍정적으로 갈등을 해결하며 생산적 갈등관리가 가능하다. 그러나 갈등이 노출되고 조정이 불가능하다면 쌍방 간에 첨예화된 대립, 투쟁 등의 경쟁전략을 취하게 되어 결과적으로 갈등의 역기능적 요소들이 나타나게 된다. 이 경우 대부분 타협 없이 일방적으로 자신의 이익을 극대화하려는 성향이 나타난다.

서술한 내용은 〈표 5-2〉와 같이 정리된다.

〈표 5-2〉 개인 간 갈등 현상과 반응

구 분	잠재적 갈등		느낀 갈등	드러난 갈등	
반응조건	인지하는 것의 무의미	인지하는 것이 타당	갈등의 노출은 피할 수 있고 조정은 불가능할 때	노출타당, 조정가능	노출타당, 조정불가능
반응행동	수동적 행동	갈등의 의식화	후퇴, 격리(고립), 무관심, 무시	문제해결, 타협, 평화적 공존	투쟁, 중재, 조정

3. 집단 갈등에 따른 반응

집단에서 나타나는 갈등은 주로 집단을 중심으로 외부환경요소와의 관계에서 설명된다. 크게 보면 집단 내부와 외부로 나뉜다.

1) 집단 내부의 경우

집단 내부에 발생되는 갈등은 크게 5가지 현상들을 경험하게 된다.

첫째, 집단응집력의 확대이다. 다른 부서와 심한 갈등상태에 놓이게 된 부서는 대응을 강화하기 위해서 부서원들 간의 이견을 극소화시킨다. 즉 외부적 위협이 있게 되면 집단의 지위와 구성원에 대한 존재 부정으로 인식하여 구성원 모두가 외부의 압력을 공동의 위협으로 인식하고 집단 구성원간 결속력을 높이기 위해 각종의 부정적 갈등요인을 삭제하려 애쓰는 현상과 반응을 보이게 된다. 따라서 갈등의 발생이 공동위협으로 인정되면 응집력은 강하게 나타나며 개인보다는 집단을 중시하고 집단에 대한 충성심도 강하게 나타난다.

둘째, 리더십이 전제화되거나 또는 독재적 성향의 지도자를 선호한다. 위기상황은 리더십의 행사에 있어 전제적 방법을 용인할 뿐만 아니라 강력하고 능동적이며 통제적인 방식을 활용하도록 정당화시켜 준다. 대부분 전제화 내지는 독재적인 리더십은 부서의 방향을 분명히 하여 상대 부서와의 경쟁에서 일사불란한 움직임을 유도하는데 효율적이기 때문에 정당화된다. 그러나 상대적으로 갈등을 조장하여 전제적 리더십을 유도한다면 오히려 구성원들의 반감과 분노를 유발시킬 수 있는 한계를 지니기도 한다.

셋째, 업무 중심적 활동이 강화된다. 인간관계적인 업무보다는 과업달성에 더욱 큰 비중을 두며, 자기 부서의 역량을 최대한 살릴 수 있도록 모든 문제를 조명하는 이른바 쓰레기통식 문제해결 방법의 사용이 많아진다.

넷째, 절대충성을 강조한다. 집단 목표를 개인만족보다 강조하며, 부서원들의 충성을 강조한다. 즉 갈등에 의해 발생된 위협과 단결력을 기반으로 자기집단에 대한 충성심과 동조성을 강요한다. 이때 이탈적인 개인행동은 허용되지 못하며 적대적 관계집단과의 갈등을 자기집단 통제의 에너지원으로 활용한다. 따라서 집단내부에서 서로 간에 의심과 통제의 행동이 나타나고 개인적 희생이 요구되며, 상황이 종료되면 희생에 따른 보상을 해주는 것이 일반적 관례이다

다섯째, 각 집단의 업무구조체제가 보다 경직되고 엄격해 진다. 강력한 리더십을 선호하며 업무중심적으로 이전되기 때문에, 부서내의 업무진행 절차가 보다 구체적으로 명시되고 엄격한 규칙 준수가 강조된다. 결과적으로 책임할당이 강요되고 개인의 노력과 감독, 통제들을 통한 시스템의 경직화 현상이 나타난다.

2) 집단 간 현상

집단 간 갈등으로 인해 나타나는 부서간 관계에서의 주요 현상들은 다음과 같다.

첫째, 왜곡된 자기집단을 합리화한다. 자신이 속한 집단이 상대집단보다 능력 있고 우월한 집단이며, 조직목표를 성공적으로 달성하는데 보다 많은 기여를 하는 집단이라고 생각한다. 주로 문제해결을 모색하는 집단 간 또는 부서간 합동회의에서 자주 나타나는 현상인데, 자기집단이나 부서가 제안한 문제해결 방법이 상대집단의 것보다 우월하다고 믿는 경우 나타나는 갈등현상이다.

둘째, 부정적 고정관념이 강화된다. 집단에 대한 평가 기준이 편향되어 있어 부서 간 차이를 과대평가하며, 상대 부서에 대해 각종 부정적인 고정관념을 만들어낸다. 아울러 대립이나 회피를 유도한다.

셋째, 상호 의사교환과 접촉이 격감된다. 두 부서간의 꼭 필요한

의사소통이나 접촉마저도 단절되는 양상을 보인다. 갈등이 증가될수록 집단 간에 의사소통이 줄어드는 현상이 나타난다. 상대적으로 경쟁관계에 있는 집단에 대해 의사소통의 필요성을 느끼지 못하며, 상대집단과 의사소통을 하지 않는 것이 자기집단에 대한 충성심과 애정을 보여주는 것이라고 생각하며 이를 강조하는 모습을 보인다. 아울러 경쟁 집단의 어느 누구와도 접촉하는 것을 배신으로 인식하여 상호접촉의 빈도수가 격감하게 된다.

넷째, 책임전가 현상이 나타난다. '잘한 것은 우리 탓, 못한 것은 다른 집단의 탓'으로 돌리며 응당 져야 할 책임을 전가한다. 내 탓, 남 탓의 이분법적 적용을 통해 대립이나 무시 등의 행동을 보이게 된다.

다섯째, 적대감을 동반한 대립의식이 강해진다. 집단 간에 우리-너희의 생각이 팽배해지고, 상대 부서와의 상호교환을 하기보다는 승리와 패배의 이원론에 입각해서 상대집단과의 관계를 형성하는 의식이 강하게 나타난다. 특히 문제를 보는 시각에 있어서 양 부서 간의 유사점이 존재함에도 불구하고 간과하거나 축소하여 보고, 반면에 차이점들은 과장된다. 따라서 유사점을 우선적으로 인식하고 나서 차이점들에 대해 논의를 하려하지 않고, 과장된 차이점에만 집중적으로 초점을 맞추어 문제의 심각성을 과장시킨다.

여섯째, 상대집단에 대한 통제력 강화와 감시가 나타난다. 상대집단과 갈등상태에 놓이게 될 때, 갈등극복의 한 방편으로 상대집단보다 우월한 위치를 점유하려고 각종 노력을 경주하게 된다. 제3의 부서와의 협조, 협력, 제휴 등을 하거나, 상대 부서가 필요로 하는 정보나 자원의 차단 및 정보독점, 중심업무의 확보 등 다양한 전략을 동원해서 힘의 우위를 차지하려고 노력한다.

지금까지 열거된 사항들을 갈등이 지닌 긍정적 차원과 부정적 차원으로 나누어 〈표 5-3〉과 같이 정리한다.

〈표 5-3〉 집단의 갈등성격과 영향력 비교

집단의 갈등성격	적극적 영향	부정적 영향
경 쟁	동기부여 증가, 점검 및 균형시스템에 공헌, 수립된 아이디어에 부응하는 새로운 아이디어 수의 증가, 집단 간 공모 감소	동기부여 감소, 고위관리에게 정보가 투입되지 않음
정보의 은닉 및 왜곡	집단을 안정적으로 관리	의사결정의 질 저하
의사결정을 상위자에게 호소	상위자는 운영과 하위자에 관한 많은 정보 획득, 제3의 조정자로서 대면 해결을 유도함	상위자는 정보 획득에 과중한 부담을 느끼게 됨. 상위자로 하여금 완전한 지식 없이 갈등을 취급하도록 강조
의사결정절차의 엄격화와 공식화	제도의 안전성 증가	변화에 대한 적응력 저하
집단 상호작용 감소	집단이나 개인이 필요한 역할을 제공하면 문제는 감소됨	업무의 이행과 협조를 방해
낮은 신뢰, 협의,	집단 간의 협조에 기여하는 집단내의 응집력 증가	심리적인 긴장과 이직

제 4 절 갈등 해결방법을 위한 전략적 방법

갈등을 해결하는 방식에는 조직이 집단의 갈등에 개입하지 않고 방임하거나 또는 직접 개입하는 방식이 있다. 일반적으로 조직이 파국을 원치 않고 스스로 갈등을 해결하기 위해 문제해결이나 협상·타협 등의 방식을 통해 방임하는 경우가 대부분이지만(신유근, 1982; Reitz, 1981:422), 개입이 필요한 경우에는 갈등을 해결하는 방법에로 갈등발생을 방지하거나, 갈등을 해소하거나 갈등을 조장하는 등 세 가지 방식의 전략적 방법을 고려 할 수 있다.

1. 갈등발생의 방지

아직 갈등이 발생하지는 않았지만, 앞으로 발생할 가능성이 충분히 있는 역기능적 갈등을 미연에 방지하자는 것이다. 그 구체적인 방법으로는 다음과 같은 것들이 있다.

1) 형평성 있는 자세의 유지

높은 합법적 지위를 지니고 있는 기능분야의 전문가로서 여러 사람을 평가하는 조정역할을 하는 사람은 작업집단간의 요구에 형평성 있는 자세를 견지할 수 있기 때문에 다른 사람들보다도 훨씬 맡은 바 일을 효과적으로 수행할 수 있다.

2) 상호의존성에 입각한 조직변경

갈등은 사람들이 상호작용의 필요에 따라 교류한다면 상당한 정도의 갈등을 피할 수 있게 된다. 이를 위해서는 조직을 구성하는 일부 요인의 교체나 또는 새로운 요인의 추가, 그리고 기본적인 구조의 개편 등 조직상의 배열을 적극적으로 변동시킴으로써 갈등상황을 제거할 수 있다.

3) 불필요한 경쟁의 회피

비용 및 예산통제, 수익극대화, 성과측정 및 성과에 다른 책임 등과 같은 조직상황은 조직성원과 집단들 간의 경쟁을 촉진시킨다. 따라서 조직에서는 불필요한 제로섬(zero sum)게임을 회피하여 불필요한 경쟁을 줄임으로써 갈등발생을 방지할 수 있다.

4) 공동의 적 설정

갈등상태의 집단들은 공동의 적, 즉 경쟁조직이나 조직 내 제 3의 집단 등에 대항할 힘을 합치기 위해 그들의 견해 차이를 재빨리 좁힐 수 있다. 이와 같이 외부의 위협이 집단내부의 응집성을 강화시키듯이 외부의 위협이나 적은 그에 대한 효과적인 대처를 위해 집단 간 차이를 잊게 만든다. 공동의 적을 설정하는 방법이 성공을 거두기 위해서는 자기의 집단이 위협을 피해야 하며 공동노력이 필요하다고 인식해야 한다.

2. 갈등의 해소

이미 발생한 역기능적 갈등을 해소해야 하는데, 그 구체적인 방법으로는 다음과 같은 것들이 있다.

1) 문제해결

이는 갈등을 일으키고 있는 당사자들이 직접 접촉하여 갈등의 원인이 되는 문제를 공동으로 해결하게 하는 방법이다. 목표의 합의는 이루어져 있고, 다만 어떻게 해결책을 강구하느냐 하는 경우로서 당사자들이 협동적인 문제해결능력을 가지고 있을 때 이 방법이 효율적일 수 있으며, 새로운 혁신적 대안을 창출할 수 있다.

2) 상위목표의 제시

갈등을 일으키고 있는 당사자들이 공동으로 추구해야 할 상위목표를 제시함으로써 갈등을 완화시킬 수 있다. 상위목표는 갈등상태에 있는 행동주체들이 모두 추구하기를 원하는 것이지만 어느 하나의 행동주체가 단독으로는 성취시킬 수 없는 것이어야 한다. 행동주체들의 개별적인 목적추구에서 빚어지는 갈등은 상위목표가 제시되면 상당히 완화될 수 있을 것이다.

3) 자원의 증대

자원의 증대(expansion of resources)는 희소자원의 획득을 위한 경쟁에서 초래되는 갈등을 해소하는 가장 효과적인 방법이라고 할 수 있다. 희소자원에 공동으로 의존하는 행동주체들이 서로 더 많은 자원을 차지하려고 갈등을 일으킬 때 자원을 늘려 버리면 어느 당사자도 패자로 되지 않고 모두가 승자로 될 수 있다.

4) 회피

회피(avoidance)는 단기적으로 갈등을 완화할 수 있는 방법이다. 갈등을 야기할 수 있는 의사결정을 보류하거나 갈등상황에 처한 당사자들이 접촉을 피하도록 하는 것이나 갈등행동을 억압하는 것 등이 회피의 방법에 해당한다. 회피는 갈등의 원인 또는 갈등상황을 제거하는 것이 아니므로 근본적인 갈등해소방법이라고 할 수 없다.

5) 완화

완화(smoothing)는 갈등 당사자들의 차이를 완화하고 유사성이나 공동이익을 강조함으로써 갈등을 해소하려는 방법이다. 완화는 당사자들의 의견이나 상충되는 이익과 같은 차이를 억압하고 유사성과 공동이익을 전면에 부각시키는 기법이므로 회피방법과 상위목표제시방법을 혼합한 것이라고 볼 수도 있다. 완화는 갈등을 야기하는 당사자들의 차이를 제거하지 않기 때문에 잠정적이고 피상적인 갈등해소방법이다.

6) 상사의 명령

이는 공식적 권한을 가진 상사가 명령에 의해 부하들의 갈등을 해소시키는 방법으로서 갈등 당사자 간의 합의를 전제로 하지 않는다. 당사자는 상사의 결정에 찬성하지 않더라도 정당한 명령에 복종하지 않을 수 없는 것이다. 그러나 이 방법은 원인이 제거되지 않고 단지 갈등행동만을 해소시킬 뿐이다.

7) 강압

이는 강력한 압력을 가함으로써 갈등을 해소하는 방법이다. 여기에는 강력한 힘을 가진 경쟁자(the most powerful of the antagonists)를 이용하거나, 보스(boss)와 권위(authority)를 가진 사람 또는 중재인이나 조정자(neutral umpire or arbitrator)를 이용한다.

8) 갈등 당사자의 태도 개조

갈등을 일으키거나 일으킬 가능성이 있는 사람들의 인적 변수를 변화시킴으로써 갈등을 예방 또는 해소시킬 수 있다. 당사자의 태도를 바꾸는 방법은 단기적인 노력으로 사람들의 태도를 바꾸기는 어렵기 때문에 시간과 비용이 많이 드는 방법이다. 태도변화를 촉진하는 데 쓰이는 주된 수단은 교육훈련이다. 행동과학의 발전과 더불어 개발·보급되고 있는 이른바 실험실 훈련(laboratory training)의 기법들이 태도변화훈련에 많이 쓰이고 있다.

3. 갈등의 조장

조직이 활력있고 창의적 분위기를 유지하기 위해서는 순기능적 갈등을 적절히 조성해야 한다. 순기능적 갈등의 구체적인 조장방안을 들면 다음과 같다.

1) 의사전달경로의 변경

이는 커뮤니케이션을 이용하여 갈등을 조장하는 방법이다. 표준화된 공식적 및 비공식적 의사전달경로를 의식적으로 변경시켜 갈등을 조장할 수 있다. 특정한 의사전달경로에 통상적으로 포함되던 사람을 일부러 제외하거나 또는 본래 포함되지 않았던 사람을 새로

포함시키는 것은 의사전달경로변경의 한 예이다. 의사전달경로의 변경은 정보의 재분배와 그에 입각한 권력의 재분배를 초래하기 때문에 갈등을 야기시킬 수 있다.

2) 의사전달정보의 조작

이는 정보전달을 억제하거나 과다한 정보를 전달함으로써 갈등을 조장하는 방법이다. 정보과다로 인한 혼란은 갈등을 야기하며 그것은 나아가서 조직구성원들의 정체된 행태를 활성화시키고 창의성과 자율성을 일깨워 줄 수 있다. 또한 정보 과다를 일으키지 않고도 의식적으로 모호한 정보나 위협적인 정보를 전달함으로써 갈등을 직접 야기시킬 수 있다. 이러한 방법을 쓰면 모든 의사전달을 무비판적으로 받아들이는 무관심상태를 타파할 수 있다.

3) 이질감의 조성

이는 역할갈등이나 지위부조화 등으로 인한 개인의 내면적 갈등을 조성하여 조직상의 갈등을 유도하는 방법이다. 침체된 조직을 흔들어 활기를 띠게 할 수 있는 방법으로, 기존의 조직구성원들과는 가치관, 경험, 배경 등이 다른 사람을 투입하는 것이다. 즉 조직 내에 새로운 사람을 투입하여 기존의 구성원들과 이질감을 조성케 함으로써 갈등을 야기하는 것이다. 이와 같이 함으로써 조직의 침체된 분위기를 깨뜨리고 조직에 새로운 변화와 활력을 일으키도록 할 수 있다.

4) 경쟁유도

조직 내 단위 부서나 집단들 간에 경쟁적인 상황을 조성함으로써 갈등을 일으키는 방법이다. 계선 조직과 참모조직을 적절히 다루어 갈등을 조장하거나, 조직구성원을 이동시키거나 직위간의 관계를 재설정함으로써 갈등을 조장할 수 있다. 사람의 이동과 직위간 관계의 재설정은 관련된 조직단위의 동질성을 와해시키고 의사결정권을 재분배하여 상호감시기능을 확대시켜 갈등을 야기할 수 있다.

제 3 장

의 사 소 통

의사소통은 조직이 추구하는 목적을 달성하는데 필수적인 전달체계이다. 조직은 보유하고 있는 자원을 효율적으로 배분하고 활용하여 최대의 성과를 기하려고 활동한다. 이 과정에서 조직이 선택하고 실행하는 대상, 방법, 절차, 공유 등 일련의 활동들은 반드시 부서간 또는 조직구성원들 사이에서 의사소통을 통해 운영된다.

제 1 절 의사소통의 의의

1. 의사소통의 정의

의사소통(communication)은 일반적으로 개인, 집단, 조직과 같은 사회적 주체들 간에 어떤 의미가 담긴 메시지나 정보를 상호 교환하여 공유하는 사회적 과정을 말한다. 의사소통을 의미하는 communication이란 말은 공동 또는 공통성을 뜻하는 라틴어 communes를 어원으로 하고 있으므로, 그 본래의 의미를 따져본다면 일방적인 의사전달이 아니라 둘 이상의 사람들 사이에 서로 공통성을 만들어 내는 과정으로 볼 수 있다.

의사소통의 정의를 보면, Newcomb은 의미의 전달(conveying of meaning)이라고 하였고, Lundberg는 신호와 기호를 사용한 상호작용(interaction by means of signs and symbols)이라 하였다. Berelson 과 Steiner는 의사소통이란 기호인 언어, 그림, 도형 도표들을 사용하여 정보, 사상, 감정, 기술학을 전달하는 행위나 과정을 뜻한다고 하였으며, Shannon과 Weaver는 말하기를 넓은 의미에서 의사소통의 의미로 해석했는데, 이때 말은 하나의 마음이 다른 마음에 영향을 미치는 또는 과정을 뜻하는 것으로 수단으로는 언어뿐만 아니라 음악, 그림, 연극, 무용 등 모든 인간의 행동을 포함한다고 하였다. 김규정(2002:486)은 정보의 정확한 전달과 활발한 교류에 의하여 조직의 구성원은 조직목표를 명확하게 인식하게 되고 합리적 협동행위를 할 수 있게 되며 권한과 책임의 효율적인 배분을 가능하게 하는 것이라고 보았다.

이와 같이 의사소통에 대한 정의는 학자에 따라서 약간의 차이를 보이고 있지만, 학자들의 의사소통에 대한 견해를 종합해 보면 의사소통이란 인간이 기호를 사용하여 자신의 생각이나 메시지를 전달하고 또한 타인의 것을 받아들임으로써 상호 공통된 의미를 수립하고 나아가서는 서로의 행동에 영향을 미치는 과정 및 행동이라고 하겠다. 즉 "둘 이상의 사람들 사이에 의견, 정보, 감정 등의 교환을 통하여 공통적 이해를 형성하고 수신자 측의 의식, 태도, 행동 등에 변화를 일으키게 하는 일련의 행동"이라 할 수 있다. 이때 "공통적"이란 의미는 조직구성원 상호간에 공유하는 주제를 의미하며, "교환"의 의미는 단순한 사실만이 아니라 필요한 정보 가치를 포함하여 상호간에 "이전"한다는 것을 뜻한다(윤우곤, 1990:521).

2. 의사소통의 중요성

대인관계에서 일어나는 현상을 표현하는 기본 개념은 상호 행동(interaction)이다. 상호 행동은 인간의 사회적인 행동을 의미한다. 상호 행동이란 인간의 공동생활의 본적인 현상을 표현하는 개념이며, 두 사람 혹은 그 이상의 사람들 사이에서 일어나는 행동과 이에 대한 반응 행동에서 나타나는 현상을 말한다.

사람들 간에 정보와 지식을 서로 교환하기 위해 사용하는 필수적인 수단이 의사소통이다. 의사소통을 정확히 파악하기 위해서는 의사소통이 의사의 일방적 전달만을 의미하는 것이 아니라, 쌍방 간에 의사소통을 통하여 소기의 성과를 올리는 것에 초점을 두어야 한다. 즉 의사소통은 상호간의 공통적 이해가 중심이 되는 것이므로 수용자 또는 상대방이 의사소통을 행한 사람의 메시지를 이해했을 때에 비로소 의사소통이 이루어졌다고 말할 수 있는 것이다. 만약 공통적 이해를 바탕으로 하는 의사소통이 없다면 조직의 목적을 달성하기 위한 리더십의 발휘라든가 동기유발 및 협동적 노력을 수반하기 위한 관리활동은 존재할 수 없게 된다. 따라서 의사소통은 조직을 운영하거나 인간관계를 연결하는데 가장 중요한 수단 중 하나라고 말할 수 있다.

의사소통은 인간과 인간 사이에 언어를 통해 상호간에 공감이 성립되도록 하는 프로세스(process)라고 할 수 있다. 직장에서 상사나 동료 혹은 부하와의 사이에 작업상 의사소통이 이루어져 상호간에 공감하게 된다면 직장의 팀워크(team work)는 높아지고 그로 인해 사기(morale)가 높아져 작업성과도 향상될 것이다. 특히 휴먼서비스를 통해 조직성과를 달성하는 사회복지의 경우에는 클라이언트와의 교류를 통해 신뢰를 조성된다면 성과는 기대이상으로 나타날 수도 있다. 따라서 효율적인 의사소통은 개인이든 조직이든 성과창출을 위해 반드시 필요하지만 이상적인 의사소통을 운영하는 것이 결코 용이한 일은 아니다. 그 이유는 사람들은 각기 다른 사회적 경험과 사회화 과정을 거쳤기 때문에 한계가 존재하는 것이다.

3. 의사소통의 기능

Schramm은 의사소통의 기능을 사회적 레이더(social radar) 기능, 조작·결정 및 경영(manipulaion, decision-management) 기능, 교육 기능 및 오락 기능으로 나누고 있다. 또한 라스웰에 의하면 의사소통은 세 가지 중요한 기능을 제시하고 있는데, 환경 감시의 기능, 합의의 기능, 사회화의 기능이다. 여기서 환경 감시와 합의의 기능이란 주위 환경에서 일어나고 있는 일들에 대한 정보를 수집 전파해서 사람들로 하여금 그러한 사회 환경에 대처하고 적응하도록 만드는 의사소통의 구실을 말한다. 그리고 사회화의 기능이란 어떤 사회의 문화나 전통, 가치, 규범 등을 새로운 사회 구성원들에게 전달하는 의사소통의 사회 교육적 역할을 의미한다. 다시 말해서 인간은 의사소통을 통하여 주위 환경에서 일어나는 사건에 대한 정보를 제공받고 그것에 대처하며 나가서는 새로운 세대를 교육해 나가고 있는 것이다. Wright는 라스웰의 세 가지 기능 외에 오락적인 기능을 덧붙여서 의사소통은 실용적 기능 외에도 인간을 기쁘게 하는 기능을 담당하고 있다고 지적했다.

한편, 최창호(2002: 218-219)는 의사소통의 기능을 다음과 같이 보고 있다. 첫째, 의사소통은 두 사람 또는 두 기관 사이에 공통 이해를 조성하여 공동 목표를 향한 상호 협조를 가능하게 해 준다. 둘째, 의사소통은 조직에서 행하는 많은 의사결정(decision-making)에 있어서 사전에 장애물을 제거하는 전제적 조건이 된다. 셋째, 의사소통은 조직 내 구성원의 심리적 욕구를 충족시켜 준다. 즉, 조직 규모가 커질수록 직원들의 소외감 내지 아노미(anomie)가 커지는데,

직원간의 의사소통을 활발히 해줌으로써 그들의 소속감과 사기를 높일 수 있는 것이다. 넷째, 의사소통은 장래의 대비를 가능하게 해준다. 의사소통을 통한 정보의 획득은 장래에 취할 태도나 행동의 대비에 중요한 역할을 수행한다. 따라서 이들 내용들을 종합해보면, 인간은 의사소통이란 수단을 통하여 서로 주위 환경에 대한 정보를 제공하고 그것을 이해하며, 교육하고 학습하며, 즐거움을 나누고 설득하고 합의하면서 살아가는 것이다.

의사소통의 기능을 조직적 차원에서 고려해볼 때 일반적으로 다음과 같은 네 가지 기능을 수행한다.

첫째, 의사소통은 조직구성원의 행동을 통제(control)하는 기능을 한다. 조직에서는 각 구성원들의 의무를 명확히 하고 권한과 책임에 관한 기준을 설정하기 위해 의사소통이 이용된다.

둘째, 의사소통은 개인과 집단에 정보(information)를 전달해 주는 기능을 한다. 의사소통을 통하여 구성원들에게 의사결정의 기준이 제공되고 명령과 지시 등이 수행된다.

셋째, 의사소통은 구성원들의 동기(motivation)를 유발시키는 작용을 한다. 조직은 다양한 목적과 목표를 위한 구성원들 간의 협동과 몰입에 불러일으키기 위해 의사소통을 이용한다.

넷째, 의사소통은 구성원들이 감정과 정서를 표출할 수 있는 기능을 수행한다. 즉 의사소통을 통하여 자신의 감정을 표출하고 다른 사람들과의 교류를 넓혀 나가는 것이다.

4. 사회복지조직 내 의사소통

궁극적으로 의사소통은 인간관계의 출발을 제공하는 기능과 역할을 수행하며, 조직구성원 대부분은 의사소통을 통해서 공동의 이익을 추구하며, 사회복지행정의 경우도 동일하다. 사회복지행정의 핵심적 활동은 복지정책을 복지서비스프로그램으로 전환하고 이를 클라이언트에게 제공하기 위해 조직역량을 배열 · 조정 · 통제하며, 최종적으로는 사회복지사와 클라이언트와의 관계에 의해서 복지서비스를 제공한다. 이때 의사소통은 어디에서나 활용되지만 특히 중심적인 활동은 직원(사회복지사)과 클라이언트의 만남에서 그 가치를 높인다. 이들의 관계는 조직의 공식적 권위구조에 의해서가 아니라 클라이언트와 직원들과의 인간관계를 통해서 이루어진다. 즉, 조직의 핵심적 활동은 조직의 직접적 명령계통에 따른 의사소통을 통해서가 아니라 클라이언트와 직원들과의 만남을 통한 인간관계에 의해서 이루어진다. 이때 직원과 클라이언트와의 관계는 조직이 클라이언트에 대해 권한을 갖고, 클라이언트들의 욕구를 결정하고 평가하며 그들을 변화시키기 위해서 노력하고 그리고 원하는 결과를 성취하기 위해 활동을 한다. 사회복지조직에 있어 모든 중요한 과업은 클라이언트와 직원들 사이의 일련의 거래에 의해서 수행되는 것이다. 따라서 클라이언트의 운명은 직원과 클라이언트의 관계 수준과 강도에 의해서 영향을 받으며, 특히 클라이언트들이 지닌 인간적 속성이나 정보, 직원들의 태도, 그리고 클라이언트에 대한 사회복지조직 구성원의 대응에 의해서 영향을 받는다. 이때 직원과 클라이언트와의 관계의 수준과 강도가 조직성과의 실패와 성공을 결정하기 때문에 클라이언트와의 의사소통이 중요한 요인이 된다. 제품을 생산하거나 일방적인 서비스를 제공하는 조직과 다르게 사회복지조직은 사람을 대상으로 하며 개인적인 신뢰를 바탕으로 관계(relation)의 수준에 의해서 성과가 결정되기 때문에 의사소통은 매우 중요한 수단이라고 하겠다.

제2절 의사소통 유형

의사소통은 크게 공식적 의사소통과 비공식적 의사소통으로 구분되며, 조직이 지닌 특성에 따라 의사소통의 활성화의 수준에 차이가 난다.

1. 공식적 의사소통

공식적 의사소통(formal communication)이란 사전에 공식적으로 정해진 경로를 통해 조직 내에서 의사소통을 해야 할 인물들이 이미 결정되어 있는 경우를 말한다. 따라서 공식적 의사소통의 경로는 기본적으로 권한이나 책임·의무에 의해 짜여진 조직구조에 따라 형성되며, 정보흐름의 방식에 초점을 두게 된다.

조직은 의사전달의 작용에 의해서 비로소 관리적 권한이 발휘되고 집단의 공동노력이 조직의 계획된 목적달성으로 지향될 수 있다. 결국 의사전달의 체계를 효율적으로 유지한다는 것은 관리의 제1차 과제라고 할 수 있다. 공식적 의사소통에는 하향적·상향적·수평적 의사소통이 있다.

1) 하향적 의사소통

하향적 의사소통은 조직의 명령 계통에 따라서 위에서 아래로 전달되는 명령이나 지시 등을 포함하는 의사소통을 의미한다.

조직의 상부층에서 하부로 내려가는 하향적 의사소통, 즉 상의하달은 업무활동상의 관계로 볼 때 직접적인 것과 간접적인 것으로 나누어진다. 전자에는 명령이 있고 후자에는 일반적 통보가 있다.

첫째, 명령이다. 명령이란 지시, 각서, 지령 등과 같은 반드시 명령이라는 명칭 붙지 않는다 하더라도 어떤 문제에 대하여 상급자가 하급자에게 작위, 부작위를 요구하는 모든 행위를 일괄하는 의미에서 사용된다. 명령은 필요에 따라 구두로 행해질 수도 있고 또한 문서로 행해질 수도 있다.

둘째, 일반적 통보이다. 조직구성원에게 사실을 주지시키고 그들의 식견을 높이기 위한 목적으로 행해지는 의사전달을 말한다. 이에 속하는 수단으로는 편람(manual), 핸드북(handbook), 게시판, 구내방송, 기관지(또는 사내보) 등이 있으며 최근에는 이메일을 통한 사내 인프라 채널도 이에 해당된다.

2) 상향적 의사소통

조직의 하층에서 상층으로 올라가는 상향적 의사소통에는 보고, 내부결재 및 인간관계의 유지향상을 위하여 행해지는 여러 가지 정보전달, 즉 각종 면담, 직장여론조사, 직장회의, 제안제도, 인사상담 등이 있다.

상향적 의사소통은 조직 활동에 대한 성과보고로부터 내부결재 인간관계의 유지향상을 위하여 행해지는 여러 가지 정보전달, 즉 각종 면담, 직장여론조사, 직장회의, 제안제도, 인사상담에 이르기까지 매우 광범하다. 또한 그 내용은 개인적 고민에서부터 조직의 발전을 위한 제안까지 주제와 대상이 매우 다양하다. 따라서 상향적 의사소통은 조직에서 상 · 하급자간에 쌍방적 의사소통을 가능하게 하고 상의하달의 오류를 시정하는 장점이 있지만, 반대로 여과효과(filtering effect)에 의해 그 정확성이 훼손될 가능성이 있다.

상향식 의사소통의 대표적 제도로는 다음의 것들이 있다.

첫째, 보고이다. 여러 가지 하의상달 방법 중에서 가장 중요한 위치를 점하고 있다. 즉 명령 또는 권한의 위임에 대응하여 하부계층으로부터 상부계층으로 올라가는 정보의 전달이며, 상사의 의사결정이나 명령 및 조직 활동에 필요한 제반조치가 건전하게 이루어지기 위해서는 보고가 필수적이다.

둘째, 내부결재 제도(품의제도)이다. 일반적으로 조직은 업무효율화를 위해 권한은 분산시키지만 의사결정의 집중화를 유지하기 위해 노력하며 이 과정에서 필연적으로 결재제도 또는 품의제도에 의존하여 상·하간에 의사소통을 한다. 한편 품의란 업무상의 의사결정형식의 하나로서 하위자로부터 상위자 또는 하부기관으로부터 상부기관에 문서로 의향을 묻고 사안의 처리에 관한 의사결정을 받는 절차를 말한다.

셋째, 인간관계적 정보전달이다. 인간관계적 정보전달이란 인간관계의 관리목적상 행해지는 모든 정보전달을 말하는데, 직장여론조사 또는 실태조사, 개별면담제도, 인사상담제도, 제안제도, 직원회의, 질의함 및 건의함 제도 등이 있다.

3) 수평적 의사소통

수평적 의사소통이란 조직에서 위계수준이 같은 구성원이나 부서간의 의사소통을 의미하는 것으로 상호작용적 의사소통이라고도 한다. 하향적인 메시지의 흐름이 대개 권위적인 데 비해, 수평흐름에 의한 메시지의 내용은 주로 협력적인 성격을 띠며 그 왜곡의 정도도 덜하다. 즉 대부분의 사람들은 자신의 상사보다는 동료들과 의사소통을 할 때 보다 개방적이고 자유롭게 의사를 전달하는 경향이 있으므로 수평적 의사소통은 구성원과 부서간의 기능을 조정하는 역할을 한다. 구체적인 방법으로는 사전협의제도, 사후통지제도, 회의 또는 위원회제도 등이 포함된다.

첫째, 사전협의제도이다. 문제를 처리하기에 앞서 그 문제와 관련된 다른 사람의 의견을 물어 보고 또한 필요한 정보를 수집하는 것을 목적으로 하는 제도로서 협조전이 그 한 예이다.

둘째, 사후통지제도이다. 어떤 결정이 이루어진 후 관계자들에게

통지 또는 주지시키는 것을 목적으로 하는 제도이다. 통보와 회람이 해당된다.

셋째, 회의 또는 위원회제도이다. 앞에서 설명한 두 가지 방법은 문서에 의한 의사전달인데 대하여, 회의는 관계자들이 한곳에 모여 앉아 직접 구두에 의한 의사 전달 및 교환을 행할 수 있다. 특히 회의는 문제해결이 조직의 여러 부서에 관련되어 있을 경우에 수평적 의사전달을 촉진시킬 수 있다.

2. 비공식적 의사소통

의사소통은 인간욕구의 표현방식이며, 동시에 자연스러운 물 흐름과 같은 속성이 있어 조직도표와 같은 정해진 통로로만 흐르게 할 수 없다. 조직구성원들은 직종과 계급을 넘어서는 인간적 유대, 예컨대 감정적인 친지관계 · 학연 · 지연 · 입사동기 등의 유대를 기반으로 자생적 의사소통을 유지하게 되는데 이러한 비공식적 의사소통 체계 혹은 경로를 흔히 '그레이프바인(grapevine)'이라고 부른다. 오랜 시간동안 그레이프바인을 통해 흐르는 정보의 내용이 루머(rumor)의 형태인 데다가 의사소통과정에서 왜곡의 소지자 많아 관리자들에게는 경시되어 왔다. 즉 악성루머와 같이 비공식 의사소통의 부정적 측면이 강조되어 이를 조직에서 완전히 제거해야 된다고 주장하는 학자들까지 있었다. 그러나 시간이 지날수록 조직을 둘러싼 환경이 급속하게 변화하고 조직구성원이 다양하게 분포되어 그에 대한 대응차원에서 그레이프바인은 조직에서 필연적이고 자연적인 경로로 인정하게 되었다.

비공식적 의사전달은 공식적 의사전달에 비하여 매우 전달속도가 빠르며 융통성을 겸비하고 있다.

따라서 조직관리 목적에 이바지할 수 있는 장점으로는, 첫째, 관리자로 하여금 일반종업원들의 동태파악을 용이하도록 하며, 둘째,

일반종업원들의 정서적 긴장을 해소하며, 셋째, 관리층에서 제시하는 형식적이고 권위적인 명령이나 지시를 유연하고 부드러운 권고로 전환하는 역할을 하며, 넷째, 제도적 의사전달체계가 공급하지 못하는 유익한 정보를 전달하는 역할을 한다.

반면에 비공식적 의사전달의 단점은 풍문(rumor)을 유포시킬 가능성을 내포하고 있다는 점과 또한 책임성의 소재가 불분명하다는 것이다. 즉 비공식적 의사전달체계는 정보전달에 있어서 오류를 범한다 하더라도 책임추궁의 대상이 되지 않기 때문에 편의에 따라 마음대로 사실을 왜곡할 수 있다.

조직 내에 있어서 풍문의 주요 발생원인으로서 진상에 대한 결여, 억제된 분위기를 들고 있으며, Allport와 Postman은 풍문의 유력한 발생요인으로서 진상의 모호성을 들고 있다. 이들 모호성은 여러 가지 원인에 의해 나타나지만 무엇보다 중요한 것은 사실적 정보의 부적절성, 상호 대치되는 정보, 정보의 불신임 또는 진상의 수락을 기피하거나 또는 불가능하게 하는 심리적 긴장을 들 수 있다.

이렇듯 비공식적 의사소통의 존재는 조직에서 필연적인데, 관리자들은 구성원들에게 적절한 정보를 제공함으로써 풍문의 유포가능성을 단절시킬 수 있을 뿐만 아니라, 즉각적인 반응을 필요로 하는 중요 정보를 위해서는 비공식 의사소통을 통해 효과적으로 수집할 수 있는 이면적 속성이 있음을 인식해야 한다.

제 3 절 의사소통의 원칙과 과정

1. 의사소통의 원칙

1) 의사소통의 원칙

Redfield는 의사소통의 일반 원칙을 다음과 같이 제시하였다(김규정, 2002:495).

첫째, 명료성(clarity)의 원칙이다. 이상적인 의사 전달은 송신자가 의도하는 바를 말하고, 그가 말하는 의미를 수신자가 정확하게 이해하는 것이다. 따라서 간결한 문장과 평이한 용어를 사용해야 하며, 의사 전달 내용의 구조가 체계화되어 있어야 하고, 또한 내용 표현에 있어서도 각 어구의 정확성을 기하여야 한다. 그리고 그 내용이 과거와 현재 또는 과거와 과거 및 현재와 현재 간에 비교가 가능한 일관되게 꾸며져 있어야 한다.

둘째, 일관성(consistency)의 원칙이다. 의사 전달은 일관성이 있어야 한다. 즉 처음의 의미와 나중의 의미가 모순되어서는 안 된다. 그리고 조직에서는 그 의미가 가능한 조직의 목표와 부합되는 것이라야 한다.

셋째, 적기 적시성(timing and timeliness)의 원칙이다. 의사 전달은 너무 이르거나 너무 늦어서는 안 되며 알맞은 시기를 택하여 행하여야 한다.

넷째, 분포성(distribution)의 원칙이다. 의사 전달은 송신자로부터 명확하게 수신자에게 전하여야 한다. 전달되지 않은 의사 전달이나 다른 사람에게 전달된 정보는 소용이 없거나 행동 혼란을 야기할 뿐이다. 수신자가 누가 될 것인가를 확실히 정하며 사용할 전달 수단도 달라진다.

다섯째, 적당성(eduquancy)의 원칙이다. 의사 전달은 적정량을 기하여야 하며 너무 많은 경우나 너무 적은 경우에는 수신자의 이해를 방해한다.

여섯째, 적응성(adaptability)과 통일성(uniformity)의 원칙이다. 적응성이란 의사 전달의 융통성, 개별성 현실 합치성 등을 말하며, 통일성이란 각 의사 전달이 전체로써 통일된 정책의 표현이 되게 하는 것이다. 송신자는 적응성과 통일성을 잘 조화시키기에 노력하여야 한다.

일곱째, 관심(interest)과 수용(acceptance)의 원칙이다. 의사 전달은 수신자가 관심과 그것을 받아들일 수 있는 가능성이 있는 때에 비로소 능률적으로 이루어질 수 있다. 어떠한 의사 전달이든 간에 적극적으로 반응을 얻는 데 그 목적이 있는 것이다.

2. 의사소통 과정

의사소통이 성립하기 위해서는 어떠한 의미나 의도를 전달하는 송신자(발신자, sender)와 그것을 받아들이는 수신자(receiver) 그리고 그들 사이의 소통을 전달하는 심벌(기호, symbol) 등 기본적 요소가 충족되어야 한다.

과정(process)으로서의 의사소통은 다음과 같은 속성들을 지니고 있다. 첫째로 송신자(송신자)와 수신자(수용자/피송신자) 간에 매체 및 의사소통 채널을 통해 메시지가 전달되고 피드백되는 동태적(dynamic)이며 상호 교환적(transactional)인 과정이고, 둘째로 의사소통의 참여자들이 자신들이 필요로 하는 정보·의미·감정을 공유하려고 참가하는 목적의식적(purposeful)인 과정이며, 셋째로 의사소통은 의사소통 당사자 간의 관계의 성격을 나타내주는 관계적 차원과 교환되는 메시지의 내용적 차원으로 구성된 다차원적(multi-dimensional)

인 과정이고, 넷째로 "엎질러진 물은 다시 주워 담을 수가 없다"는 말과 같이 한번 이루어진 의사소통은 돌이킬 수가 없는(irreversible) 과정이다.

의사소통이 메시지를 주고받는 송신자와 수신자의 상호 작용적 과정이라는 시각에서 살펴보면 다음과 같이 구체적으로 설명된다.

1) 송신자 측면

송신자(communicator/sender)란 정보원이라고도 하는데 의사소통 과정에서 정보를 전달하는 사람이다. 송신자는 정보를 가장 효과적으로 전달할 수 있다고 생각하는 매체를 선택하여 메시지를 수신자에게 전달한다.

의사소통은 생각이나 의도 또는 아이디어를 가지고 있는 송신자에 의해서 시작되며, 송신자가 시도하는 메시지는 수신자가 이해할 수 있도록 해독되어지게 된다. 사람들은 보통 메시지를 일반 언어로 기호화하는 것으로 생각하지만, 사실상 기호화의 방법은 다양하다. 예를 들어 생각이나 의도를 컴퓨터로 언어 또는 그림으로 표현한다거나, 혹은 몸짓, 표정을 사용한다거나 하는 것 등이 있다. 이러한 전달과정에 영향을 미치는 송신자의 요인으로는 메시지의 명확화 능력, 전달능력, 신뢰성, 개인적 특성 등을 들 수 있다.

2) 수신자 측면

수신자 또는 수용자(communicatee/receiver)란 송신자에 의해 전달되는 메시지나 정보를 수신하는 사람을 말한다. 효과적인 의사소통이 이루어지려면 수신자는 먼저 메시지를 수용할 수 있도록 사전에 준비자세를 갖추고 있어야 한다.

정확한 의사소통이 이루어지려면 송신자와 수신자가 다 같이 기호에 대해서 동일한 또는 적어도 유사한 의미를 부여할 경우에만 가능하다. 송신자가 메시지의 수신자에게는 생소한 기술적 또는 전문적 용어를 사용하는 경우가 흔히 있는데, 이러한 경우 수신자는 메시지를 완전히 이해할 수 없기 때문에 의사소통이 장애요인이 된다. 특히 외부에 대해 패쇄적인 사람들은 메시지의 정보가 자신의 가치체계의 반하는 것인 경우에는 메시지를 더욱 이해하지 못하는 경향이 있다.

메시지나 정보가 수신자에게 정확하게 전달되는가의 문제는 송신자뿐만 아니라 수신자에 의해서도 영향을 받는다. 의사소통과정에 영향을 미치는 수신자의 요인으로 이해력, 인지구조, 청취태도, 피드백 능력 등을 들 수 있다.

3) 의사소통상황 측면

의사소통상황이란 송신자와 수신자 사이에 의사소통이 이루어지는 과정에 영향을 미치는 주변여건을 말한다. 의사소통에 직·간접으로 영향을 미치는 상황요인으로는 전달경로의 특성, 의사소통의 운영방식, 사회적 영향을 들 수 있다.

첫째, 전달경로의 특성이다. 전달경로란 메시지나 정보가 송신자로부터 수신자로 흐르는 의사소통통로를 말한다. 새로운 메시지를 조직 내 모든 구성원들에게 침투시키고 확산시키는 의사소통과정은 직접 대면하는 방법과 문서, 상징물, 시청각, 인쇄물 등의 간접적인 매체를 이용하는 방법 등이 포함될 수 있다.

둘째, 의사소통의 운영방식이다. 조직에서 의사소통이 상향적인가 하향적인가, 일방적인가 쌍방적인가, 집권적인가 분권적인가 하는 의사소통의 관행이나 관리방식을 말한다. 이에 대한 대표적인 예는 분권화된 조직의 의사소통방식과 집중화된 조직의 의사소통방식을 들 수 있다. 조직이 분권화되어 있는 경우에는 집단구성원이 의사소통과정에 더욱 몰입함으로써 조직 내 집단의사소통의 질을 개선하는 것이 더 용이하고, 집중화된 조직에서는 의사소통의 동일성이 높게 나타난다.

셋째, 사회적 영향이다. 사회적 영향(social influence)이란 의사소통과정을 둘러싼 사회적·정치적, 문화적인 상황을 말한다. 의사소통이 어떤 진공상태에서 이루어지고 있는 것이 아니라 사회적 상황에 의해 영향을 받기 때문에 의사소통을 하는 과정에서 사회적 영향요인들에게 의해 의도나 주장이 영향을 받기도 한다.

제 4 절 의사소통의 효율적 운영방안

1. 의사소통의 장애요인

1) 의사소통에 대한 오해와 편견

일반적으로 갖고 있는 의사소통에 대한 오해의 원인을 잘 알고 있어야 의사를 분명히 전달할 수 있으며 불필요한 오해로 인한 갈등도 피할 수 있다.

첫째, "의사소통이란 단순히 우리가 어떤 말을 하는 것이다"라는 오해이다. 송신자가 어떤 말을 하여 수신자에게 메시지를 전달한다고 해도 송신자의 그 메시지가 그의 의도대로 수신자에게 정확하게 전달된다는 보장이 없다. 그러므로 의사소통이란 송신자의의 메시지가 수신자에게 정확하게 전달되고 이해되어야 하는 과정이라고 볼 수 있다.

둘째, "의사소통은 많이 할수록 좋다"는 오해이다. 때때로 과도한 의사소통은 비생산적일 때가 있다. 어떤 문제에 대해서 너무 많은 이야기를 하면 할수록 부정적인 결과가 초래될 확률이 커지게 되는 것이 역시 의사소통의 특성이다.

셋째, "의사소통은 모든 문제를 해결할 것이다"라는 오해이다. 의사소통을 잘 한다고 해고 문제가 해결되지 않을 수 있다. 실제로 분명한 의사소통이 오히려 문제를 일으킬 수 있다. 따라서 솔직한 자기노출을 통한 의사소통을 했다 하더라도 그것이 항상 모든 상황에서 도움이 되는 것이 아니라는 사실을 깨달을 필요가 있다.

넷째, "의사소통은 자연적인 능력이다"라는 오해이다. 흔히 의사소통능력은 저절로 발달하는 자연적인 것이라고 생각하는 경향이 있다. 그래서 의사소통을 잘하려는 노력을 하거나 의사소통기술에 대한 관심을 보이지 않는 경우가 많은데, 실제로 의사소통은 교육과 훈련을 거침으로써 더욱 효과적으로 증진시킬 수 있다는 사실을 알 필요가 있다.

2) 의사소통 구성요인의 경우

일반적으로 개인의 의사소통 능력, 조직 구성원의 지위와 역할, 조직문화, 조직구조요인 등으로 인하여 의사소통에는 항상 장애요인이 발생되곤 한다. 특히 의사소통 과정의 장애요인은 의사소통과정의 구성요소라고 볼 수 있는 송신자, 수신자, 기호화 및 전달경로(channel) 등에 대한 장애요인이라고 할 수 있다. 효과적인 의사소통을 방해하는 장애요인은 대체로 다음과 같이 설명할 수 있다.

첫째, 사용하는 언어선정의 문제이다. 송신자가 애매한 말을 사용하거나 수신자에게 생소한 전문적 용어를 사용할 경우 언어의 부적절한 사용으로 인한 해석의 오류를 낳는 것을 말한다.

둘째, 의사소통의 분위기이다. 말을 표현하는 의미는 송신자의 태도, 어조, 표정과 말하는 때와 장소에 따라 달라진다. 이러한 의미의 가감은 전달하고자 하는 메시지를 왜곡하거나 오해를 야기시킨다.

셋째, 개인별로 가치관이 서로 다르다. 송신자는 동일한 내용을 전달했다 하더라도 수신자의 심적 태도나 가치관에 따라 그것이 상의한 내용으로 전달된다. 즉 준거체제의 차이가 의사소통의 장애요인이 되는 것이다.

넷째, 선입관에 의한 왜곡이다. 사람들은 흔히 송신자나 어느 사건에 대한 선입견 때문에 정보의 진실한 내용을 왜곡하는 경향이 많다. 예컨대 어느 직장에서 감원이 있을 것이라는 풍문이 떠도는 중에 '업무간소화 계획'이 발표된다면 그것이 곧 감원을 위한 전주곡으로 해석되는 것이다.

다섯째, 정보의 간소화 경향이다. 사람들은 일반적으로 복잡한 것을 간소화하고 균형이 잡히지 않은 불규칙적인 자극은 균형이 잡인 것으로 보고자 하는 심리적 경향이 있다. 이러한 현상을 "간소화의 법칙"이라 한다. 즉 전달된 내용의 의미가 전체 혹은 일부가 불명료하여 듣는 사람이 완전히 이해하지 못하는 경우 말의 내용이 임의로 재구성되어 버린다. 그리고 의사소통의 내용이 너무 복잡한 경우에는 그것이 그대로 상대방에게 전달되지 않고 간소화시켜 버리는 습성을 지니고 있다.

여섯째, 정보의 독점 및 누락이다. 정보의 독점인 경우를 보면 개인은 조직 구성원 모두가 공유해도 좋은 정보를 혼자 독점함으로써 타인에 대하여 통제력을 행사하는 목적으로 사용하려는 의도를 지니고 있을 때 발생한다. 누락은 송신자가 의도한 메시지의 일부만이 수신자에게 전달되는 의미로서, 송신자가 고의로 의사소통의 내용을 여과(filtering)하거나 송신자가 메시지를 파악하지 못함으로써 불충분한 정보를 수신자에게 전달할 때 발생한다. 그리고 고의가 없더라도 조직의 경우에는 계층이나 직급의 수를 많이 지니게 되면 의사소통단계가 길어지게 되어 불가피하게 누락은 발생한다.

일곱째, 정보의 과부하나 의식적 제한이다. 과부하란 메시지의 흐름이 그 체제의 처리용량을 초과하여 유입되는 상황을 나타내는 평가적 용어이다. 많은 정보량에 관심을 두다 보면 적절한 조치를 강구해야 할 중요 내용을 가려내지 못하거나 합리적으로 의사결정을 못할 때가 많다. 한편 정보의 의식적 제한은 각종 보안 제도를 말한다. 너무 지나친 비밀주의는 의사소통의 장애를 가져올 수 있다.

여덟째, 평가적 경향이다. 수신자가 발신자로부터 메시지를 받기

이전에 그 메시지의 전반적인 가치를 평가해 버리는 경향을 의미한다. 이러한 경향은 발신자에 대한 평소의 태도나 과거 경험 등에 근거하는 것이다.

3) 의사소통 유형별 경우

조직의 권력집중 정도나 조직문화, 권한 행사의 정도 등에 따라 공식적 조직, 비공식적 조직 모두 의사소통의 흐름에 대해서는 몇 가지 문제가 있다.

(1) 조직 내부의 권한에 따른 하향적 의사소통의 경우이다. 하향적 의사소통은 상급자로부터 업무상의 지시·명령이 중심을 이루고 있고 그 지시나 명령이 하급자에게는 업무를 수행하는 메시지로 이해된다. 이 과정에서 가장 이상적인 것은 업무를 수행할 하급자들의 자발적인 협력을 확보하기 위해서 상급자가 그 조직의 업무 동향이나 명령·지시의 근거 내지 이유 등에 대해 충분한 설명을 필요로 하는 것이다. 그러나 상급자가 충분한 설명 없이 권위적이고 공식적이며 권력적 성격에 기반을 두고 일방적으로 지시하거나 명령을 내일 경우 하급자는 심리적 위압감을 지니면서 무조건 수행해야 하는 일방적인 특성을 지닐 수 있다. 이때 하위직 입장에 있는 개인 혹은 집단은 의사소통 과정에서 명령을 받는 사람입장이기는 하지만 감정을 가진 인격체이므로 그들의 감정은 연령, 성별, 개인적 사정, 직무상의 지위 및 비공식적 지위에 따라 오해가 발생될 가능성이 있으며 수동적으로 대처하는 정도에서 해결하려는 성향을 보인다.

따라서 설득 기술이 동시에 활용되어야 한다. 대규모 조직인 경우 상층부는 현장에서 활용하고 있는 구성원과 직접으로 접한 기회를 갖지 못하는 경우가 많다. 중간관리자가 조직의 하위에 있는 구성원들의 감정을 잘 이해한 다음, 상층부의 의사를 전달한다면 조직 구성원의 지지와 공감을 얻을 수 있다.

(2) 상향적 의사소통의 경우이다. 이 경우는 직급이 낮은 계열에

위치한 하급자가 단순한 업무보고의 수준에서 그치지 않고 제안방식을 통해 의견의 개진하거나 자신의 주장을 표명하는 방식이다. 관련 제도를 조직적으로 제도화하고 상사와 부하 간에 조직 문제에 대해 자유로이 의사를 교환하고 간담회를 갖는다면 상향적 의사소통의 활성화를 유도할 수 있다. 그러나 이를 저해하는 요소로는 상급자의 태도나 조직문화, 하급자의 성격이나 성향, 조직 내에 존재하는 심리적 장벽, 신뢰 정도 등이 영향을 미친다. 따라서 이와 같은 부작용을 막기 위하여 상급자들이 하급자를 인정하고 그들의 감정을 소중히 고려하는 것이 중요하다. 이때 상대방의 감정을 파악하기 위해서는 말을 듣는 기능(적극적 경청)이 필요하므로 상급자나 관리자는 항상 말을 하는 것보다 말을 듣는 것이 중요하다. 즉 먼저 말을 들음으로써 개인이나 집단의 감정과 그 정황을 이해한 다음 구성원의 신뢰와 협력을 얻기 위해 상대에게 요청하는 방식을 사용해야 한다.

(3) 수평적 의사소통에 있어서도 동료 간, 부문 간에 이기주의적 사고방식과 부서 우선주의 등의 요소가 제거되고 의사 교환이나 자유로운 토의가 보장된다면 상호 이해를 깊게 하는 아주 유효한 의사소통이 될 수 있다. 그러나 이 경우에도 부서 간 이기주의나 상호 경쟁의 조직문화, 불신을 유발하는 조직운영의 대립 분위기 등이 제약요인으로 나타나고 있다.

2. 효과적인 의사소통 방안

Skidmore(1990, 164-165)는 의사소통의 중요성으로 효율성과 효과성 그리고 사기를 제시하였는데, 클라이언트와의 신뢰를 바탕으로 휴먼서비스를 제공하는 사회복지행정의 경우에는 효율성과 효과성을 확보하는 것이 중요하다.

첫째, 효과성(effectiveness)이다. 사회복지조직에 있어서 서비스를 효과적으로 전달하기 위해서는 직원 상호간에 의사소통이 원활하게 이루어져야 한다. 만약 조직구성원 상호간에 올바른 의사소통이 이루어지지 않는다면 목표 달성을 위한 건전한 정책이 수립될 수 없으며, 구성원 상호간에 사고와 생각, 의견과 감정을 서로 나눌 수 없기 때문에 바람직한 의사결정이 이루어질 수 없을 것이다.

둘째, 효율성(efficiency)이다. 효율성은 직원 상호간에 개방적으로 의사소통을 함으로써 기대하는 성과를 이루는 것이다. 구성원들이 절차, 방법, 사례, 정책, 목표, 그리고 자신들의 열망에 대해서 생각하고 느끼는 것을 서로 공유하여 추구하는 방향으로 일관되게 행동하거나 의지를 집약함으로써 소기의 목적을 달성하는 것이다.

따라서 조직에서는 효과성을 확보하기 위해서는 구성원 상호간에 생각과 감정을 서로 공유하는 것이 초점이다. 이를 위해서는 쌍방적 의사소통(two-way communication)을 확보하고 효과적인 정책을 결정하고 건전한 의사결정을 내릴 수 있는 분위기 조성이 급선무이다. 가능한 의사소통의 장애를 최대한 줄일 때 그 효과성과 정확성을 증대시킬 수 있다. 의사소통의 과정에서 발생되는 장애를 극복하기 위한 여러 가지 방법 중에서 대표적인 것을 살펴본다.

1) 조직 구성원의 관계 개선

조직 내 상 · 하 계층간에 심리적 장벽을 제거하고 인간관계를 개선하고 조직 내 구성원 사이에 의사소통이 원활하게 이루어질 수 있도록 관리하는 것이 필요하다.

첫째, 권위적인 행태를 개선하고, 구성원들이 민주적인 분위기에서 자유스럽게 의사표시를 할 수 있는 분위기를 조성한다.

둘째, 상호간에 열린 사고와 생각을 지니고 서로에게 다가서려는 의지를 지녀야 한다. 특히 하급자들이 상급자들에게 접근하기 용이하도록 상급자들이 먼저 다가서는 의도적인 프로그램을 운영해야 한다.

셋째, 적절한 언어의 사용해야 한다. 송신자는 정보를 선택해 공통의 상징체계(언어, 문자 등)로 변환시켜야 한다. 가능한 상호간에 가장 잘 이해하고 해석할 수 있는 방법을 사용해야 한다. 또한 의사소통을 할 때 송신자는 언어적 정보와 비언어적 정보를 동등하게 사용하여 수신자의 이해를 도와야 한다.

2) 의사소통 체계의 확립

조직의 의사소통 체계가 효과적으로 기능하는 데 요구되는 필수적인 원리는 다음과 같다(최성재 · 남기민, 1993; 강용규 외, 2007: 118-119).

첫째, 의사소통의 통로는 공식적으로 명시되고 명확하게 모든 구성원들에게 알려져야 한다.

둘째, 조직의 모든 구성원에게 명확한 공식적 의사소통의 통로가 있어야 한다. 모든 사람은 하의상달과 상의하달의 소통체계가 갖추어져 있어야 한다.

셋째, 안정적인 의사소통의 계선(line of communication)이 사용되어야 한다. 한 곳에서 다른 곳으로의 의사소통이 진행될 때 권한이 계선상의 모든 지점을 따라 통과되어야 한다. 이는 권한의 계통에 어떤 누락이나 의도적 회피가 있을 경우 발생할지도 모르는 의사소통의 갈등을 피하고 책임을 유지하기 위해서 필요하다.

넷째, 의사소통의 계선은 계선 손실(line loss)을 최소화하기 위해 가능한 한 직접적이고 짧아야만 한다. 의사소통의 계선이 짧을수록 의사소통의 속도는 빠르고 오류가 발생할 확률은 그만큼 적어진다.

다섯째, 의사소통의 계선은 항상 유지되어야 한다. 그렇지 않으면 필요한 정보를 제때에 그것을 필요로 하는 사람들에게 도달되지 못할 위험성이 있을 수 있다. 만약 위급사항이 발생되었을 때 평상시에 의사소통 채널 관리를 하지 않아 공식적 의사소통의 계선이 파괴되면 조직은 급속히 환란에 빠져드는 경우를 맞게 될 것이다.

여섯째, 모든 필요한 의사소통은 적절히 통제되어야 한다. 의사소통 계통상에서 직위를 갖고 있는 직원은 들어오는 정보를 평가하고 그 정보를 보류해야 할지 보내야 할지 여부를 결정하며 보낼 필요가 있는 정보는 정확히 보내야 하기 때문에 관련 지식과 적절한 의사소통 기술을 갖고 있어야 한다.

3) 의사소통 스킬의 향상

효과적인 의사소통을 위해서는 우선 의사소통의 인간화가 전제되어야 하는데, 이를 위해서는 구성원들 간에 상호 신뢰하는 분위기 조성, 상대방을 존중하는 경청(감정이입적 청취 혹은 역지사지적 청취) 스킬의 확보가 요구된다.

첫째, 의사소통은 수신자의 눈높이 수준에서 이루어져야 한다.

둘째, 송신자는 말하기 전에 자기 생각을 명료하게 정리해야 한다.

셋째, 의사소통의 참된 목표가 무엇인지 확실히 해야 한다.

넷째, 의사소통의 기본 내용뿐만 아니라 환경, 배경 등 기타 부수효과에 대해서도 배려해야 한다.

다섯째, 의사소통은 일관성이 있어야 한다. 즉 처음과 나중의 메시지가 서로 상충되어서는 안된다.

여섯째, 의사소통은 적정량을 기해야 한다. 메시지가 너무 많거나 너무 적은 경우에는 수용자의 이해를 방해한다.

일곱째, 의사소통을 너무 빠르게 하거나 너무 더디게 해서도 안되며 시의 적절하게 행해져야 한다.

여덟째, 송신자는 수신자의 관심을 넓히고 그로 하여금 메시지를 받아들일 수 있는 수용성을 넓히도록 유도해야 한다.

아홉째, 송신자는 의사소통을 지원하는 행동을 해야 한다.

제 4 장

의 사 결 정

조직에서 의사결정은 조직운영관리의 중요대상이다. 의사결정은 조직이 가고자 하는 방향이나 기획, 전략, 정책 등을 결정하는 관리의 핵심적 내용이며 문제해결의 필수적 수단이다.

제 1 절 의사결정의 의의와 유형

1. 의사결정의 의의와 특성

1) 의사결정의 정의

의사결정(decision making)이란 개인, 집단 혹은 조직이 문제를 해결하기 위하여 목표를 설정하고, 설정된 목표를 달성하기 위하여 대안을 마련하며, 대안들 중에서 특정 안을 선택하는 행위로 이해된다(민진, 2004:232). 의사결정은 바람직한 결과를 얻기 위한 목적적 행동이며, 많은 대안들 중 의식적으로 하나의 대안을 선택하는 의도적 행위이고 문제해결과정의 일부이다. 의사결정은 조직문제를 대상으로 하며, 가능한 대안들을 이성적 · 감성적 방법을 사용하고 가장 효율적이라고 판단되는 하나의 대안을 선택하는 의도적 행위라고 하겠다.

2) 의사결정의 특성

조직에서 의사결정은 계속성, 보편성, 동태성 그리고 변화 가능성과 같은 특성을 갖고 있다(민진, 2004:332-333).

첫째, 의사결정의 계속성이다. 의사결정은 조직 내의 상하 계층에 따라서 위에서 아래로, 혹은 아래에서 위로 계속되기도 하며, 관리 과정상 즉 계획, 집행, 평가 및 시정 조치의 단계에서도 계속된다. 즉 관리 체계나 시간의 선후 관계에서도 계속되는 것이다.

둘째, 의사결정의 보편성이다. 의사결정은 조직의 모든 관리 과정에서 나타나고 현상이며, 의사결정의 수준과 내용은 달라지더라도 모든 결정은 결정으로서의 속성을 지닌다.

셋째, 의사결정의 동태성이다. 조직 내의 의사결정은 1인이 전결하는 경우는 매우 드물고, 대부분은 여러 사람이 관여하며, 타협과 흥정을 거쳐 결정내용이 수정과 조정을 하게 되기 때문에 동태적이다.

넷째, 의사결정의 변화 가능성이다. 한번 결정된 의사는 고정 불변의 것이 아니라 시간이 흐름에 따라 결정의 내용이 바뀌거나 추가 또는 삭감될 수 있다. 장기적인 의사결정일수록, 많은 사람이 포함된 의사결정일수록, 내용이 복잡한 의사결정일수록 불확실성은 높아지며 위험도가 높아지고 변화 가능성은 커진다.

2. 의사결정의 유형

의사결정은 결정의 주체, 수준, 대상, 방법, 과정 등에 따라 다양하다.

1) 개인적 결정과 집단적 결정

의사결정은 결정의 주체에 따라 개인적 의사결정과 집단적 의사결정으로 나눌 수 있다. 개인적 결정은 결정자 개인이 최종적으로 판단을 내리는 의사결정이며, 집단적 결정은 개인들의 집합인 집단의 의사결정으로 위원회나 회의에서 합의에 도달하는 의사결정이다.

2) 정형적 결정과 비정형적 결정

의사결정의 방법에 따른 분류로서 정형적인 결정과 비정형적 결정으로 나눌 수 있다.

정형적 결정(programmed decision)은 의사결정이 반복적이고, 일상화되어 있으며, 방법이 이미 정해져 있고 표준운영 절차 등과 같은 절차에 따른다. 주로 일상적인 문제, 반복적인 문제, 잦은 문제, 그리고 인과관계가 매우 확실한 경우의 결정 상황에 이용된다.

비정형적 결정(non-programmed decision)은 새로운 문제의 해결, 선례가 없는 문제의 해결, 복잡한 문제 등의 해결을 위하여 사용하는 의사결정 방식이다. 창의성이나 직관 그리고 불확실성에 대한 예견과 같은 비선형적 요인들이 작용한다.

3) 전략적 결정과 전술적 결정

의사결정의 대상과 수준에 따른 분류이다. 결정 대상이 방향 제시인가 또는 방법 제시안가의 여부에 따라 구별되는데, 방향 제시안 경우에는 전략적 결정이, 방법 제시안 경우에는 전술적 결정이 해당된다.

전략적 결정(strategic decision)은 조직의 기본 목적이나 미래 발전과 같은 거시적이며 총합적인 주제들을 검토하는 목적 중시의 의사결정이라면, 전술적 결정(tactical decision)은 일상적이며 관례적이고 미시적인 성격을 띤 수단 중시의 의사결정이다.

4) 장기결정과 단기결정

의사결정의 기간을 대상으로 분류하는 방식이다. 단기결정(short-range decision)은 위험 부담이나 불확실성이 거의 없는 정형화·표준화된 의사결정들이다. 그러나 장기결정(long-range decision)은 위험부담을 지니고 있으며 다양한 방식의 의사결정 절차를 거치면서 불확실성과 예측을 강조하는 미래시제를 지닌 의사결정이다.

제 2 절 의사결정 단계

문제해결을 위한 합리적인 의사결정 과정 연구내용을 살펴보면, Simon은 정보활동, 설계활동, 선택활동 단계로 구별하였으며, Mintzberg는 인식단계, 발전단계, 선정단계로 구별하였다. 일반적으로는 문제의 규명과 해결 수준의 결정, 해결안의 개발 및 평가, 최종 해결안의 선택과 실행, 해결책의 재평가와 수정의 단계로 진행된다(박연호, 2000 : 255-257; 민진, 2004:343-346).

1. 문제규명과 해결 수준의 결정

문제란 목표나 기대치와 현실의 차이이며, 부정적인 결과를 창출하거나 또는 장애요인을 발생시키는 현상을 의미한다. 의사결정은 문제가 새로이 발생하였거나, 문제의 정도가 받아들일 수 없을 정도로 심각하거나, 심각하게 받아들여 새로운 어떤 조치를 취해야 한다고 느낄 때 동기가 유발된다. 따라서 의사결정자는 상황을 분석한 후 해결하여야 할 문제가 무엇인지를 규명하고 이를 나타내야 한다.

해결하여야 할 문제가 규명되면 그 문제를 어느 정도의 수준에서 해결할 것인지 결정해야 한다. 문제해결의 책임은 관리 계층의 상부에서 주어지기도 하지만 관리 계층의 하층부나 조직 밖의 외부 환경에서 부여되기도 하고, 여러 사람의 합의에 의하여 이루어지기도 한다. 이때 관련정보를 수집해야 하는데 객관적인 사실 정보를 수집할수록 문제 핵심을 인지하는데 도움이 된다.

2. 해결안 개발 및 평가

목표가 결정되면 이를 해결하기 위한 수단들인 대안을 개발하여야 한다. 이미 선례가 있는 경우에는 그것을 참고하며, 그것이 없는 경우에는 회의나 독창적 사고를 통하여 대안을 모색한다.

문제해결을 위해 개발된 대안에 대하여 분석하는 평가기준은 소망성(desirability)과 실현가능성(feasibility)이 적용된다. 소망성은 문제의 해결과 관련하여 가장 바람직한가의 여부와 관련된 개념이며, 실현가능성은 조직이 보유하는 자원, 환경 등 여건에 비추어 해결가능성을 지니고 있는가의 여부를 의미한다.

대안의 평가를 위하여 비용편익분석, 비용효과분석, 체계분석, 운영분석(OR), 게임이론, 선형계획 등의 관리과학적 기법들이 사용되며, 특히 불확실성하에서 의사결정의 질을 높이는 방법으로 위험도 분석(risk analysis), 의사결정 나무(decision tree), 선호이론(preference theory) 등이 있다(민진, 2004:345).

3. 최종 해결안 선택과 실행

문제해결을 위해 평가된 대안들은 최종결정자에 의하여 어느 한 대안이 채택되거나 또는 여러 대안이 절충되어 채택되는 수도 있다.

최종 해결안의 선택 과정은 해결안의 개발이나 평가에 비하여 가치적 요인이나 주관적 요인이 포함되는 경우가 많다. 즉 최종결정자의 경험이나 직관, 조언, 판단 등이 포함되며, 경우에 따라서는 이해관계자가 참여하여 정치적 합의가 포함되기도 한다. 특히 의사결정의 선택 기준이 모호하거나 목표가 분산되거나 추상적일수록 선택의 갈등이 증가된다.

4. 해결책의 재평가와 수정

최종안이 선택되어 실행되더라도 실행 전이나 실행 후에 환경 변화로 인하여 예측하지 못했던 상황의 발생되는 경우가 많다. 따라서 의사결정을 하는 상황들을 지속적으로 검토하고 자료화함으로써 의사결정의 오류를 줄이는 수정 단계를 거쳐야 한다.

제 3 절 효율적인 의사결정의 기준과 운영방안

1. 효율적인 의사결정의 기준

의사결정의 기준으로서 합리성과 민주성이 제시되고 있다. 이때 합리성은 의사결정을 위한 분석을 의미하며, 민주성은 의사결정에의 참여를 의미한다. 합리성은 의사결정의 분석단계에서, 민주성은 대안의 선택단계에서 중요한 의미를 지닌다. 이들 두 가지요소들을 검토하자.

1) 의사결정의 합리성과 모형

(1) 합리성의 의의

의사결정에서 가장 중요한 판단 기준 중 하나는 합리성(合理性, rationality)이다. 합리성이란 내용상의 합리성과 절차적 합리성으로 구분되는데, 내용상의 합리성은 문제 해결이나 목표 달성과 연계된 수단의 적합도를 의미하고, 절차적 합리성은 의사결정을 할 때 합리적으로 추론의 과학성과 객관적인 방법 및 절차를 이행했는가의 여부를 의미한다.

의사결정과 관련한 정보, 자원의 제약 그리고 불확실성은 합리성을 제약한다. 그래서 인간은 완전한 합리성을 추구하기가 불가능하다. 의사결정 과정에서 종종 불합리한 결정을 하는 경우도 있으며, 합리성에 의하여 의사결정이 이루어져야 하나 현실적으로는 제한된 합리성을 적용하기도 한다. 부가적으로 합리성과 관련하여 초합리성이 제시되고 있다. 이것은 의사결정 과정에서 직관이나 창의와 같은 합리성 외적 요인이 개입될 수 있다는 것으로서 직관이나 판단, 통찰력 등이 해당된다.

(2) 의사결정의 모형

의사결정은 위에서 제시한 합리성 정도에 따라서 다음과 같이 합리적 모형, 만족화 모형, 점증적 모형, 혼합 모형, 최적 모형이 제시되고 있다.

첫째, 합리적 모형(rational model)은 의사결정이 완전히 합리적으로 이루어지는 것으로 보는 견해로서 결정자의 전지전능성(全知全能性)을 가정한 후 결정자의 이성과 합리성에 근거하여 최적의 대안을 채택하는 모형이다. 의사결정의 목적은 단일 불변의 것이고, 문제 해결을 위한 모든 대안이 탐색되며, 탐색된 모든 대안은 일정한 기준에 따라 평가되고 비교되며, 이 중에서 최적안을 선택하는 것이다.

둘째, 만족화 모형(satisfacing model)은 의사결정이 제한된 합리성의 여건 속에서 이루어지는 것으로 보는 견해로서 의사결정자가 만족할 만한 수준에서 최종안을 채택하는 모형이다. Simon과 March가 대표적 학자이다. 이들이 주장하는 합리성이란 최적수준보다는 현실적으로 만족할만한 수준에서 결정자의 경험이나 보유자원의 정도에 따라 결정된다고 보고 있다.

셋째, 점증적 모형(incrementalism)은 의사결정 과정에서 정치적 요인이 가장 많이 수용된 방식으로서, 실현성을 합리적 기준으로 제시한 것이 특징이다. 의사결정이란 현실에 바탕을 두고 점진적으로 개선하는 것이며 기존의 방침이나 결정사항에서 약간 향상된 수준을 유지하는 것이 합리적이라고 보는 모형이다. Lindblom과 Wildavsky가 대표적 학자이다.

넷째, 혼합모형(mixed scanning model)은 이상적인 합리모형과 현실적인 점증모형의 장점만을 상호 보완한 것으로, 주어진 상황을 고려해서 기본적이며 장기적인 결정은 합리모형에 의거하고 지엽적이고 단기적인 결정은 점증모형에 의하는 절충형 방식이 가장 합리적이라고 보는 모형이며, Etzioni가 대표적 학자이다.

다섯째, 최적모형(optimal model)은 의사결정이 합리성뿐만 아니라 의사결정권자의 직관·판단·창의·통찰 등과 같은 초합리성에 의해서도 결정된다고 보는 견해로 변동이 심한 사회나 불확실성이 높은 상황에서의 의사결정은 합리성과 초합리성을 결합한 의사결정이 가장 합리적이라고 보는 모형이다. Dror가 대표적 학자이다.

2) 의사결정의 민주성

(1) 민주성의 의의

의사결정의 민주성이란 의사결정자로서 조직 내 의사결정에 조직 구성원의 참여를 어느 정도 인정하고 존중했는가의 여부이다. 의사결정 과정에서 이해관계자의 참여는 중요시되고 있다. 조직이 결정하여야 할 문제가 매우 복잡하거나 이해관계자가 많을 경우에는 전문가나 이해관계자 집단이 의사결정에 관여함으로써 의사결정의 질을 높일 수 있기 때문이다. 의사결정 과정에서 참여와 관여의 보장은 민주적이기는 하지만 의사결정이 합의에 이르지 못하는 경우를 자아내기도 하고 의사결정을 지연시키는 등의 문제점도 있지만, 민주성이 확보될수록 효율적인 의사결정을 할 가능성이 높기 때문에 중요하게 다루고 있다.

(2) 의사결정에의 참여 방법

조직구성원이 의사결정에 참여하는 방법은 제도적인 면과 관리적인 면으로 구분할 수 있다. 제도적인 방법으로는 품의제, 제안제도, 위원회, 회의제 등의 방법을 들을 수 있으며, 관리적 방법으로는 민주적 리더십, 권한 위임 등을 들 수 있다.

2. 효율적인 의사결정 운영 방안

바람직하고 효율적인 의사결정은 관리자가 추구하여야 할 목표이며, 의사결정 과정에서 합리성과 민주성이 확보된 경우를 의미한다.

의사결정이 효율적이기 위해서는 문제 특성과 의사결정 방법의 적합성을 확보하고, 의사결정자의 능력을 향상하며 보완하며, 관리체제를 변화시켜야 한다(민진, 2004: 351-352).

첫째, 문제 특성과 결정 방법의 적합성 확보이다. 즉 문제의 특성과 결정방법이나 절차를 부합시켜야 한다. 중요한 문제와 중요하지 않은 문제, 비일상적인 문제와 일상적인 문제, 복잡한 문제와 단순한 문제 등 문제의 속성에 따라 의사결정의 방법의 적합성을 확보해야 한다.

둘째, 의사결정자의 결정 능력 향상이다. 의사결정자는 주관과 편견을 제거하고, 과학적으로 접근해서 해결하기 위한 지식과 경험을 쌓아야 한다.

셋째, 의사결정자의 결정 능력 보완이다. 의사결정자의 능력을 보완하기 위해서는 능력 있는 참모를 둔다거나, 의사결정 자원체제(DSS: decisionsupport system) 등을 마련한다.

넷째, 관리 체제의 변화이다. 조직구조나 절차는 합리적이고 효율적인 의사결정이 가능하도록 변경되어야 하며, 정보관리의 우선순위가 높아져야 한다. 정보의 질이 좋아야 하며, 정보를 구조화하여야 한다. 그리고 관련된 정보의 양이 충분하여야 한다.

사회복지조직의 환경과 변화

제 6 편

조직은 개방체제 관점에서 보면 유기체적 존재이다. 유기체이기 때문에 항상 환경과 상호교류하고 환경과 공존하는 것만이 조직의 생존과 발전을 확보할 수 있다. 조직은 생존능력과 발전을 위하여 항상 조직을 둘러싼 환경의 변화에 맞추어 조직변화를 지속적으로 수행해야 한다.

그러나 조직의 변화과정은 항상 능동적이고 긍정적으로 진행되는 것은 아니다. 경우에 따라서는 저항을 동반하기도 하며 변화시도의 결과가 실패로 끝나는 경우도 다반사이다. 그럼에도 불구하고 조직변화는 항상 진행형이어야 하는데 이는 조직은 자족(自足)형 방식으로는 생존이 불가능한 것이 현실이기 때문이다.

따라서 본 편에서는 조직을 둘러싼 환경요인들을 검토하고, 환경과 공존하기 위해 조직이 변화하는 과정과 관련 요인들을 분석하며, 복지조직이 처한 미래의 문제들을 검토하여 변화의 필연성을 공유한다.

제 1 장

조직환경의 연구내용

제 1 절 조직환경의 구성요소

조직환경이란 조직에 영향을 미치는 조직경계의 외부에 존재하는 모든 것의 집합이다. 조직은 고객들을 위한 서비스와 제품을 생산하기 위하여 필요로 하는 자원을 환경으로부터 획득하기 위하여 항상 환경을 관리한다. 아울러 조직은 자신의 영역(조직영역 : organizational domain)을 확장하고 보호하며 생존에 필요로 되는 요소를 얻기 위하여 항상 환경과 거래관계를 유지한다.

조직환경을 구성하는 요인들은 단순성과 복잡성, 동질성과 이질성, 안정성과 격동성, 정태성과 동태성, 확실성과 불확실성 등을 변수로 선정하여 유형화하고 연구한 것이 대표적이다(Lawrence & Lorch, 1967; Emery & Trist, 1971). 열거된 변수들 중 중요한 것을 살펴보면 다음과 같다.

첫째, 환경의 복잡성이다. 조직이 관리해야 하는 특수하고 일반적인 영향력의 강도나 수, 상호결합성 등이 대상이다. 주어진 환경 요소들이 조직에 어느 정도의 영향을 미치는가를 예측하지 못할수록 환경복잡성은 증가된다. 따라서 환경의 복잡성이 증대되면 환경의 불확실성은 증가되는 관계를 지닌다.

둘째, 환경의 동태성이다. 조직을 둘러싼 환경들이 얼마나 빠르게 변화하는가의 정도를 나타내는 것이다. 만약 변화하는 정도를 예측하지 못할 정도로 빠르게 변화하면 동태성이 매우 높다는 의미를 지닌다. 동태성이 높을수록 불확실성은 증대된다.

셋째, 자원의 풍부함이다. 풍부함이란 조직영역이 지지할 수 있는 자원의 양의 정도를 의미한다. 필요로 하는 자원을 환경으로부터 충분히 제공받을 수 있다면 풍부성은 높다고 할 수 있다. 자원의 풍부성이 높을수록 불확실성은 낮다는 의미이다.

서술한 내용을 그림으로 표현하면 〈그림 6-1〉과 같다.

〈그림 6-1〉 조직환경의 구성요소

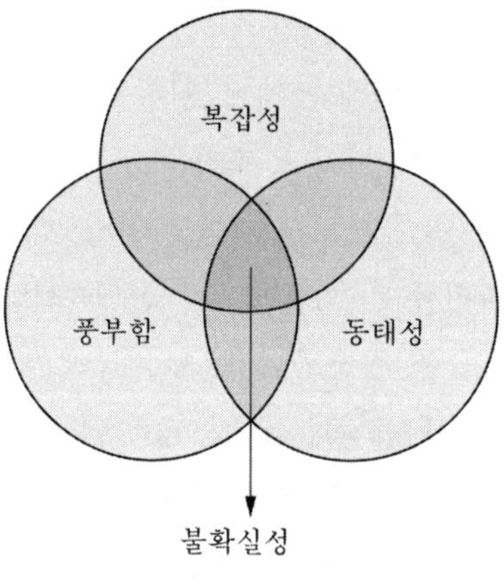

제 2 절 조직환경의 연구내용

조직에서 환경의 중요성이 부각되는 이유는 조직은 자급자족하는 유기체가 아니라 환경과의 관계 속에서만 존재할 때 그 기능을 발휘할 수 있기 때문이다. 특히 현대적 조직은 개방적 관점에 따른 조직패러다임을 지니기 때문에 환경과 조직과의 관계는 더욱 밀접하다.

Duncan(1972)과 Daft(1998)는 환경의 복잡성과 변화성을 기초로 조직환경을 구분하였으며, Emery와 Trist(1971)는 환경의 안정성과 개체적 집합관계를 중심으로 환경을 분류했다. Duncan과 Daft의 연구를 통해 조직환경을 알아보자.

첫째, 조직환경이 "낮은 불확실성"일 경우이다. 환경요소가 소수일 경우인데, 이때 조직은 안정적 변화를 선호하며 조직구조는 기계적인 것이 효과적이다. 외부로부터의 적대적인 압력이나 변화수요가 나타날 확률이 적기 때문에 독점적 지위를 지닌 조직이나 장치산업조직 등에서 나타나는 환경조건이다.

둘째, 조직환경이 "다소 낮은 불확실성"일 경우이다. 환경요소가 다수이고 환경변화는 안정적인 형태를 띠는 경우이다. 이때 조직은 기계적 구조를 지니며, 외부환경에 대하여 다소 적극적으로 대응하려는 의지를 지닌다. 주로 대학조직이나 병원 또는 종교, 복지기관들이 지니는 환경조건이다.

셋째, 조직환경이 "다소 높은 불확실성"일 경우이다. 환경요소가 소수이며 변화가 동태적인 경우이다. 조직구조는 유기적 구조를 채택하며, 외부환경의 변화속도가 빠르기 때문에 동태적인 대응을 해야 한다. 주로 독과점 업종에서 변화가 빠른 상품을 지닌 조직들에서 나타나는 환경조건이다.

넷째, 조직환경이 "높은 불확실성"일 경우이다. 환경요소도 많고 환경변화가 동태적인 경우이다. 조직구조는 유기적인 것이 효과적이다. 주로 경쟁자가 많으며 시장이 급격하게 변동하는 조직에서 나타나는 환경조건이다.

서술한 내용들을 〈표 6-1〉과 같이 정리된다.

〈표 6-1〉 조직환경의 변화성과 복잡성의 연계

환경의 변화성 ＼ 환경의 복잡성	단순	복잡
안정적	<낮은 불확실성> 소수의 환경요소 안정적 변화 기계적 조직구조	<다소 낮은 불확실성> 다수의 환경요소 안정적 변화 기계적 조직구조
동태적	<다소 높은 불확실성> 소수의 환경요소 동태적 변화 유기적 조직구조	<높은 불확실성> 다수의 환경요소 동태적 변화 유기적 조직구조

출처 : 민진(2004:271)

제 2 장

조직환경과 조직과의 상호작용

제 1 절 상호작용의 의의

조직이 조직 환경을 관리한다는 의미는 환경요소와 조직요소들이 교류할 수 있는 공통부분을 많이 조성한다는 것이며, 이는 조직이 환경과 우호적 관계를 지니려는 의도임을 뜻한다. Lawrence와 Lorsch는 「조직과 환경(*Organization and Environment*)」이라는 저서에서 조직과 환경과의 적합성·조화성의 관계를 중시한 강조한 상황적응이론이 이를 대표하는 이론이다.

조직은 외부상황에 적응하기 위해 유기적 조직을 구성하며 환경에 적합한 조직구조와 전략을 지니려고 노력하고 환경과의 적합성이 높여 조직생존과 발전의 가능성이 높이려고 한다. 이 과정에서 조직은 환경으로부터 영향을 받지만, 상대적으로 환경 역시 상호작용의 영향 때문에 영향을 받게 된다.

예를 들어 〈그림 6-2〉와 같은 경우를 보자. 만약 조직과 환경이 상호간에 공존할 수 있는 영역인 공통부분이 적어져서 조직과 환경의 적합성이 작아진다면 이들의 관계는 느슨하거나 또는 약한 관계를 지니게 되고 결국은 조직이 쇠퇴하게 되는 결과를 가져오게 된다. 반대로 상호 공존할 수 있는 영역이 넓고 조직과 환경 간에 적합성이 강해진다면 조직발전의 가능성은 높아지며 이들 관계는 강한 관계를 지니게 되는 것이다.

〈그림 6-2〉 환경과 조직의 적합성

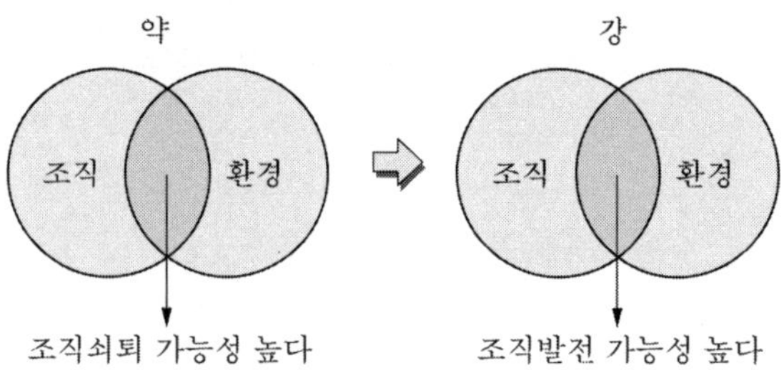

출처 : 홍용기(2000:175)

제 2 절 환경변화에 대한 조직의 적응

조직이 환경변화에 대응하는 과정은 변화를 인지하고, 정보를 수집하며, 실행방안을 구상하고 이를 처리하며 정착화하고 환류를 진행하는 절차를 의미한다(schein, 1980). 조직은 환경에 적응하는 방법이나 전략은 환경변화의 내용과 속도에 따라 다르게 나타난다. 환경변화에 대한 조직의 적응방식은 점증적 적응, 과소적응, 과잉적응, 전면적 · 창조적 적응 방식이 있다(윤재풍, 1985;민진, 273).

첫째, 점증적 적응방식은 변화의 성격이 일상적이고 정태적일 경우 부분적으로 대응하는 방식을 취한다.

둘째, 과소적응방식은 변화의 성격이 비일상적이고 동태적인 경우로서 조직이 부분적으로 대응하는 방식이며 이 경우에는 조직이 환경에 압도당하는 경우이다.

셋째, 과잉적응방식은 변화의 성격이 일상적이고 정태적이지만 조직이 전면적으로 환경을 선도하고 개혁하려는 의지를 지니고 진행되는 방식으로서 조직이 환경을 주도하는 경우이다.

넷째, 전면적 · 창조적 적응 방식은 비일상적이고 동태적인 변화성격에 조직이 총체적으로 대응하는 방식으로서 급진적인 조직변화를 하는 경우가 이에 해당된다.

서술한 내용은 〈표 6-2〉와 같이 정리된다.

〈표 6-2〉 환경변화에 따른 조직의 적응방식

대응방식 / 변화성격	부분적	총체적
일상적 · 정태적	점증적 적응	과잉적응
비일상적 · 동태적	과소적응	전면적 · 창조적 적응

출처 : 민진(2004:273)

제 3 절 조직이 환경에 미치는 영향

조직이 환경 속에 존재하면서 환경으로부터 영향을 받지만, 조직도 환경에 영향을 미치게 된다. 예를 들어 시장을 독점하거나 또는 시장에 영향력을 미칠 수 있는 조직의 전략은 환경에 영향을 줄 수 있는 것이다. 조직이 환경을 안정시키거나 또는 환경을 변동시키는 경우를 고려해 보자(민진, 2004: 277-278).

첫째, 조직이 환경을 안정화 하는 경우이다. 조직의 일상적인 활동은 환경변동을 유발하지는 않지만, 환경과 조직이 상호작용을 하면서 환경의 성격을 조정할 수 있다. 조직영역이 단순하고 외부변동에 큰 영향을 받지 않으며 환경을 제어할 수 있는 능력을 지닌 경우라면 조직이 오히려 환경을 안정화하는 기능을 지니게 된다. 예를 들어 관료제 조직의 경우 보수적으로 조직을 운영하거나 또는 규정이나 절차를 통해 제도화된 공식적 업무수행을 유지할 경우 환경의 안정화에 기여하게 된다. 특히 조직이 변화과정을 통해 제도화의 단계에 이르게 되면 전체적으로 안정화 수준에 도달하게 되기 때문에 환경도 동시에 안정화된다.

둘째, 조직이 환경에 변동을 유발하는 경우이다. 조직이 시장에서 차지하는 영역이 넓거나 또는 영향력이 큰 경우 조직의 특정 활동은 시장에 영향을 주고 이는 환경변동을 유발하게 된다. 조직이 새롭게 방향을 설정하거나 또는 새로운 전략을 통해 변화를 주거나 또는 새롭게 기준이나 제도를 채택하여 변화를 시도하거는 등의 새로운 접근은 환경변동을 유발한다. 예를 들어 정부에서 노인복지와 관련하여 요양보호사 제도를 신설하고 이를 강화하는 방식으로 정책기조를 형성한다면 노인복지시장은 이에 부합하기 위해 기존의 노인복지 관련 인프라를 재정비하거나 또는 새롭게 설비나 인력을 보강해야 하는 등의 변화를 유발하게 된다. 또는 대기업이 신입사원 채용 시에 어학시험을 필수화 할 경우 어학관련 교육시장이 변동하거나, 또는 정부가 일정기준을 설정하고 이를 해당참여자들에게 적용하려 할 경우 관련 시장에 영향을 미치는 등이 이에 해당된다.

제 3 장

조직의 변화관리

제 1 절 조직변화의 의의

조직변화[1]란 환경변화에 따라 의도적으로 변화를 통해 생존하려는 조직활동이다. 즉 조직효과성을 높여 현재상태보다 더 나은 상태로 전환되는 과정으로서 동태적이며 인위적이고 의도적인 개입을 통해 진행된다.

조직변화는 조직효과성을 높이기 위해 조직의 관리대상 영역들을 계획적·포괄적으로 변화시키고 변동시키는 행위나 노력을 동반하고 있는데 다음과 같은 특성을 지니고 있다.

첫째, 목표지향적이다. 조직이 기대하는 성과를 창출하지 못하거나 또는 기존의 조직체계로는 더 이상의 효과를 높이지 못하거나, 더 높은 목표 달성을 위한 변화가 필요하거나 등의 목적을 가진 활동이다. 일반적으로 조직전략, 성과 향상, 서비스 향상, 새로운 시스템 도입 등 조직 전체에 걸쳐 기대하는 목적을 달성하기 위한 목적

1) 변화(change)란 용어는 발전과 개발(development), 혁신(innovation), 개혁(reform) 등의 용어와 유의한 개념으로 사용되고 있다.

으로 이루어지는 활동이다.

둘째, 변화의 범위가 조직과 환경의 상황에 따라 전면적이고 거시적이거나 또는 부분적이고 미시적인 경우로 나뉘는 전략적 요소를 지닌다. 변화의 동기는 환경에서 출발되는데 이때 환경과의 대응과정에서 심각한 한계가 나타나면 전면적인 전략을, 반대로 환경과의 관계가 우호적이면 부분적인 전략을 사용하게 된다. 그러나 일반적으로 "변화"라는 용어를 사용하는 경우에는 거시적이고 전면적인 활동을 하려는 의지가 있음을 의미한다. 따라서 변화의 범위는 조직전반에 걸쳐 광범위하게 영향을 미치는 경우가 많다.

셋째, 저항을 동반하는 경우가 많다. 변화의 출발은 현실을 비판하고 부정하며 문제를 제기하는 것이 출발점인 경우가 많은데, 이때 기존의 상황이나 조건, 제도 등을 부정하고 새로움을 추구하는 과정에서 많은 혼란과 갈등을 유발하기 때문에 안정을 추구하는 집단으로부터 저항을 받게 된다.

넷째, 변화는 의도적(planned)활동이다. 변화는 자연적이며 상황에 따라 순리적으로 적응하는 점증적 과정이기보다는 목표를 달성하기 위해 계획적이고 의도적으로 진행되는 활동이기 때문에 사전준비가 요구되는 활동이다.

제 2 절 변화관리 실행전략

조직변화는 예측 불가능하고 불확실한 환경 여건과 상황을 예측 가능하고 안정적으로 변화시키기 위한 목적을 지니고 있다. 변화를 시도하기 위해서는 변화계획을 수립하고 실행하는 프로세스가 필요한데 이를 변화관리(change management)라고 한다.

변화관리를 실행하는 전략은 크게 두 가지가 있다. 하나는 점진적 변화이며, 다른 하나는 급진적 변화이다.

점진적 변화는 부분적인 개선 및 수정, 행위, 신념, 태도 등의 수정, 현 상태를 유지하는 전략 등을 대상으로 하는 경우이다. 변화압력에 대하여 점진적으로 대응하는 방식으로서, 조직의 전략이나 구조, 사람 등 근본적인 체제는 그대로 유지하면서 환경이 변화하는 방식으로 적응하고 개선해 나간다.

급진적 변화(transformational change)는 근본적이며 총체적 변화, 혁신의 지속적 반복, 현 상태의 단절, paradigm shift 등을 대상으로 하고 있다. 기본적으로 현재 조직이 지닌 모든 구조와 전략, 절차들을 근본적으로 혁신하는 경우로서 reengineering, restructuring, 조직목표나 전략의 개편 등이 이에 속한다. 대부분 기존의 현실에 대한 강한 자기반성이나 외부환경에 대한 위협을 느낄 때 채택되는 변화전략 방식이다.

변화관리 방식은 과거에는 점진적 방식을 채택하였으나 최근에는 급진적 방식을 채택하는 비중이 높아지고 있다. 이는 변화에 대한 저항이 예상외로 강하게 나타나며, 특히 변화에 대한 저항이 높을수록 비용이 많이 들기 때문에 시간을 줄이는 급진적 방식을 선호하고 있다.

〈그림 6-3〉의 경우를 살펴보자. 변화관리를 시도하는 전략은 시간과 변화정도를 고려할 경우 크게 세 가지 방식으로 정리할 수 있다.

첫째, 직선형(A) 전략이다. 이 경우는 조직이 의도적·계획적으로 변화를 유도하기 위해 채택하는 방식으로서 가능한 시간을 단축하면서 기대한 목표를 달성하기 위해 변화의 필요성을 느낀 집단에 의해 주도적으로 이끌어가는 급진적 방식이다. 변화에 대한 공유와 참여자의 합의를 획득하고 구성원의 지원을 얻기보다는 빠른 시간 내에 저항을 최소화하면서 기대한 결과를 얻기 위해 시도된다. 조직을 둘러싼 환경요인들이 매우 급박하게 변화하거나 조직 대응속도가 환경변화 속도를 따르지 못하는 등의 위기요인이 발생될 때 채택된다.

둘째, 간헐적이며 급증형 전략(B)이다. 이 경우는 장기적으로 분석하고 체계화된 절차와 분석에 따라 의도적으로 진행되는 점진적인 변화방식이다. 변화의 필요성을 느낀 집단이 오랜 시간 변화활동에 관련된 자료를 분석하여 이를 점증적으로 추진하기 때문에 변화활동과정이 상시적으로 이루어지는 것이 아니라 특정 시기에 집중화하여 급증하는 형태로 나타난다.

셋째, 순환형(C) 전략이다. 의도적이지만 구성원의 자발적 참여와 지원을 통해 지속적으로 변화를 시도하는 점진적 변화방식이다. 이 방식은 항상 변화를 시도하는 진행형 체제를 구성하는데 적합하다. 무엇보다도 A·B형 전략에 비해 변화에 필요한 에너지와 힘을 구성원 내부의 자발적 참여를 통해 확보한다는 점에서 이상적이다. 변화관리의 실패요인 중 하나가 지속적인 유지와 일관성을 지니지 못한데 있음을 고려하다면 순환형 방식이 변화관리 전략에서는 가장 효율적인 방식이라고 할 수 있다. 그러나 구성원들의 자발적인 지원을 확보해야 하며 초기 과정에 많은 변화비용이 발생될 수 있다는 한계점이 존재한다.

〈그림 6-3〉 변화에 대한 접근 방식

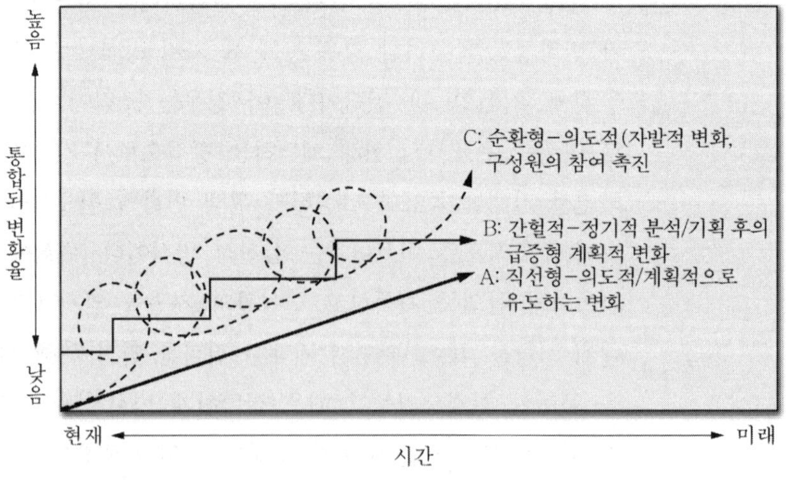

출처 : Patricia K. Felkins 외, 「Change Management」

제 3 절 조직변화의 대상

조직변화는 크게 세 가지 대상영역으로 구성되는데, 행태적 변화, 구조적 변화, 기술적 변화 등이 있다.

1. 행태적 변화

조직구성원의 능력이나 가치관, 행태들이 변화의 대상이며, 인간적 접근(human approach), 행태적 접근(behavioral approach)이라고 한다. 변화의 흐름을 늦게 인지하고 반응하는 요인 중 하나를 사람으로 인식하고 개인이 지닌 가치관이나 능력 또는 행태의 변화가 성공적으로 이루어지면 변화에 성공한다고 보는 시각이다.

행태적 변화는 조직발전(Organization Development)을 의미하는데, 이는 조직구성원의 만족도를 제고시키며 구성원 각자의 발전을 통해 조직의 능률성과 효과성을 높이는 과정으로서, 감수성 훈련(sensitivity training) 및 팀빌딩(team-building) 프로그램 등이 사용된다. 행태적 접근법은 인본주의, 낙관주의, 민주주의를 기본 가치관으로 삼고 있다는 점에서 다른 조직혁신 기법들과 구분된다.

2. 구조적 변화

조직구조의 과정적인 측면에 대한 개선을 변화의 대상으로 인식하는 경우로서 구조적 접근방법(structural approach)이라고 한다. 조직의 구조적인 혁신은 불합리한 부서와 과정을 제거하고 하부조직 간의 업무를 재조정하여 조직의 생산성을 높이는 데 목적을 두고 이루어지는 변화활동인데, 조직기구의 신설이나 폐지, 축소와 확대 또는 통·폐합 등이 대표적이다. 최근에는 환경변화에 적극적으로 대응하기 위한 차원에서 권한 위임과 재량권의 범위 확대, 의사결정 참여 채널 확대 등의 권력분권화 현상들이 나타나고 있다.

구조적 변화는 조직구성원의 만족도보다는 조직자체의 생산성 향상이나 권력 집중화, 조직구조의 변화 등에 더 큰 비중을 두고 활동하기 때문에 종종 조직구성원들에게 피해가 발생되는 경우가 있어 조직변화의 저항을 유발하는 방식이기도 하다.

3. 기술적 변화

기술적 접근방법(technological approach)은 조직이 활용하고 있는 기술이나 절차 등을 변화 대상으로 이해하는 경우이다. 업무를 수행하는데 사용하는 기술이나 절차 등에서 비효율적인 요소가 발생되면 이를 개선하여 고효율을 높이기 위한 활동 등이 이에 해당되는데, 업무처리 과정에서 사용하는 관리기법의 변경이나 직무활동의 재배치나 재배열, 직무 순서의 변경이나 단축, 보완, 개선, 대체, 간소화 등의 활동들이 대표적이다. 최근 조직들이 IT기술을 적극적으로 채택하여 사무개선이나 혁신을 하거나 고객관리(CRM)의 효율화를 꾀하는 활동들도 있다.

제 4 장

변화관리 단계와 저항관리

변화관리를 진행하는 경우 단계별로 특성을 지니고 있으며, 변화관리 과정에서 발생되는 저항을 어떻게 관리해야 하는지를 검토해 보자.

제 1 절　변화관리 과정

변화관리를 시도하는 과정은 각 단계별로 진행된다. 집단역학의 창시자인 Lewin은 조직의 변화과정을 해빙, 변화, 재동결의 3단계로 진행한다고 보았으며, Kotter(1995)는 8단계로 변화과정을 제시하였다. 국내학자들은(오석홍, 1999;민진, 2004) 조직변화과정을 개혁의 인지, 개혁안의 작성, 개혁의 실행, 개혁의 평가 단계별로 정리하였으며, 행정자치부에서는 혁신 점화, 혁신 설계, 혁신 실행, 혁신 내재화 등의 4단계로 변화과정을 정리하였다. Lewin과 Kotter의 이론들을 통해 변화과정을 이해하자.

1. Lewin의 변화3단계

조직에는 항상 변화하려는 집단과 전통이나 현실을 선호하는 집단들이 존재하는데 이들 두 집단의 세력이 균형상태인 경우에는 조직은 관성(inertia)의 상태를 이루어 어떤 변화가 일어나지 않지만, 이들 세력에 균형상태가 깨지고 세력의 불균형 상태가 발생되면 변화가 시작된다고 보았다. 그래서 해빙→변화→재동결의 과정을 거치면서 변화과정이 진행된다.

(1) 해빙(unfreezing)

해빙단계에서는 어떤 새로운 것이 필요하다는 것을 느끼기 위하여 구성원들이 현재의 상황에 문제가 있거나 또는 전혀 문제가 없거나 하는 등의 문제의식을 지니는 것이 시작이다. 이 과정에서 환경으로부터의 압력이나 성과 감소, 더 나은 방법에 대한 요구나 공유 등이 문제로 제기되고 그에 따라 현재 자신이 지닌 폐쇄적인 관점이나 불신적인 태도, 안일한 과업 수행방식의 유지 등이 문제점으로 인지될 때 변화의 동기가 유발된다.

(2) 변화(change)

이 단계에서는 새로운 방식을 도입하거나 채택하고 사용한 결과에 대하여 만족감을 느끼거나, 새로운 집단 구성원들과 관계형성이 이루어지거나 또는 관계가 개선되거나, 높은 수준의 자아실현을 느끼거나 하는 등의 긍정적 성과가 나타남으로써 변화를 시행한 것이 옳았다는 것을 체험하는 단계이다.

따라서 변화과정에서 기본관점이나 가치변화가 동반될 수 있으며 새로운 행동이 형성될 가능성도 높다. 그러나 지나치게 변화주도자가 개입할 경우 오히려 저항을 유발할 수 있기 때문에 시간적 배려와 속도조절이 요구되기도 한다.

(3) 재동결(refreezing)

마지막 단계로서 변화과정을 통해 얻은 긍정적 결과들을 지속적으로 유지하기 위하여 지원과 관심을 제공하는 단계이다. 이때는 변화과정에서 나타난 자료들을 제공하고 변화과정에서 나타난 현상과 결과들을 제시하여 변화과정에 참여한 구성원들에게 결과를 공유하고 지속적으로 강화하는 활동을 한다.

서술한 내용은 〈그림 6-4〉와 같이 요약된다.

〈그림 6-4〉 Lewin의 조직변화과정

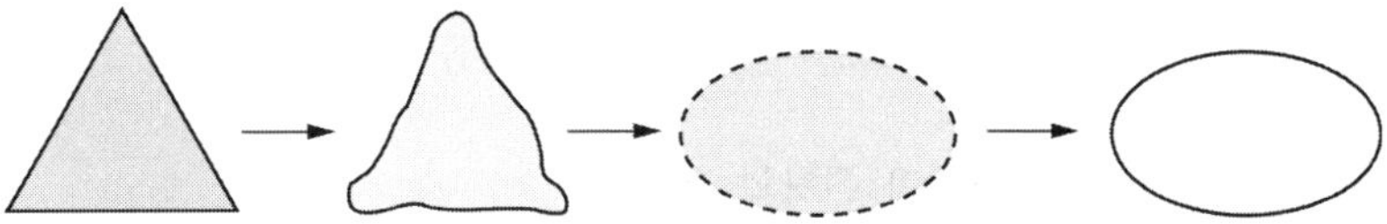

출처 : 임창희(2009:562)

2. Kotter의 조직변화 8단계

Kotter는 그의 논문 「Leading Change: Why Transformation Effort Fail」(1995)를 통해 변화하는 조직의 성공사례와 실패사례를 지적하면서 변화를 진행하는 과정을 8단계로 정리하였다.

1) 위기감 조성

변화하기 위해서는 변하지 않으면 생존이 불가능하다는 위기의식이 조직 내에 팽배될 때 진행된다. 즉 위기감 조성이 필수적인 변화과정의 요소이다. 변화에 실패하는 원인들 중 가장 흔한 요인은 현실에 안주하려는 조직관성과 개인의 가치관이다. 따라서 변화를 시도하기 위해서는 변화 초기에 현재 조직이 지닌 문제점이나 부정적인 현실을 구성원들에게 알리고 위기감을 느끼도록 분위기를 조성하는 작업이 필요한데, 이때 의도적으로 자료를 조작하는 등의 부정적 방법보다는 현실을 인식하도록 하여 심각한 조직의 상황을 인지하도록 하는 것이 효과적이다.

2) 변화 추진팀 구성

변화가 성공적으로 진행되기 위해서는 경영자나 조직의 지도층의 주장이나 의견만으로는 안된다. 위기감을 조성하더라도 변화를 담당할 변화 추진팀을 만들고 조직화하는 작업이 진행되어야 한다. 이때 조직 상층부의 의지를 이해하고 변화에 대한 성공 확신이 강하며 변화전략과 방법론을 제공할 수 있는 혁신 리더십을 지닌 핵심요원(change agent)들이 있어야 한다.

3) 비전과 전략의 개발

변화를 진행하는 과정에서 필요한 요소 중 하나는 비전(vision)이다. 비전은 조직의 미래상이며 변화의 종착점이 되는데, 비전이 명확할수록 변화과정의 이해관계자들을 연합하여 하나의 결집체로 묶을 수 있는 가교 역할을 수행하기가 용이하기 때문에 명확하면서도 호소력을 지닌 비전을 만들고 이와 연계된 전략을 개발하는 것이 필요하다.

4) 비전 공유

변화과정에는 반드시 저항이 있기 마련이다. 변화과정은 현재의 이익과 권리를 포기하고 위험을 감수해야 하는 경우도 있기 때문에 비전의 명확함과 성공 가능성, 변화의 당위성을 설명할 수 있는 채널 확보와 메시지를 구성하는 것이 중요하다. 예를 들어 조직구성원이 모두 모인 자리에서 최고경영층이 변화의 필요성과 비전을 설명하는 등의 활동이 있어야 한다.

5) 저항요인 제거하기

변화가 지속적으로 운영되기 위한 환경조건 중 하나는 구성원의 참여여부이다. 많은 구성원들이 변화활동에 참여하고 노력한다면 성공 가능성이 높다. 이때 비전만이 아니라 변화하는 과정에서 발생되는 저항을 해결하기 위해 참여자들에게 권한을 부여하고 동기부여되도록 직무환경을 개선하는 작업이 동반되어야 한다. 변화를 진행하는 과정에서 참여자들에게 권한을 부여하고 참여할 수 있는 기회를 제공하는 것은 변화의 성공요인이 된다.

6) 단기성과 창출하기

변화과정은 장시간 많은 활동과 열정, 시간을 필요로 한다. 이때 성공적 경험을 느끼지 못하고 일방적으로 변화활동이 진행된다면 변화의 에너지가 상실되거나 감소할 확률이 높다. 만약 에너지가 상실되면 변화활동의 시급성은 떨어지고 우선순위에서 밀리게 된다. 따라서 가능한 단기적으로 성공의 결과를 창출하여 변화과정의 긍정적 효과를 조직 구성원이 공감하고 체험하는 것이 중요하다. 가시적으로 단기간에 작은 성과를 창출하는데 관심을 두어야 한다.

7) 변화 지속가능성 확보하기

단기적으로 성공적인 성과 창출을 이루게 되면 모든 것이 종료된 듯한 느낌이나 분위기가 조성되며 이를 유지하려는 성향이 나타나게 되어 성급한 축배와 환희를 느끼는 경우가 많다. 이 때 보수적으로 조직분위기가 전환되기 때문에 만약 조직이 한 단계 상승한 변화과정을 시도한다면 오히려 저항집단을 조성하게 된다. 따라서 변화활동에 대한 성과 평가를 통해 지속적으로 조직에 긴장감을 불어넣는 방안들이 제시되어야 한다.

8) 새로운 제도의 정착

변화의 마지막 종착점은 제도화이다. 진정한 변화는 절차와 방식을 바꾸고 이들 변화 결과들이 조직 내 규범과 문화로 정착하고 제도화될 때 성공을 하게 된다. 공유된 성공적 결과가 제도화하기 위해서는 조직상층부의 지속적 관심과 구성원의 의식적 노력이 있어야 하며 항상 관심을 가지도록 관련 행사를 진행하는 것이 좋다. 예를 들어 성공적 변화성과물을 공유하고 경쟁할 수 있도록 경진대회나 발표회 등을 하는 것이 좋은 사례이다.

서술한 내용은 〈표 6-3〉이 정리된다.

〈표 6-3〉 변화관리 8 단계의 세부내용

단계	세부 활동	오류	영향
1	위기감의 조성	과도한 자만심을 방치	위기감 조성에 실패
2	변화추진팀 구성	변화추진팀에 충분한 권한을 주지 못한 경우	변화추진팀이 소극적으로 대응하게 되어 변화를 주도하지 못함
3	비전과 전력의 개발	공감하는 비전이 없는 경우	변화의 방향이 혼란스러워질 확률이 높음
4	비전 공유	비전 전파에 안이하게 대처한 경우	변화에 동참할 구성원의 확보가 어렵고 지지확보에 실패할 확률이 높음
5	저항요인 제거하기	새로운 비전에 대한 장애물을 제거하지 못한 경우	장애물은 반드시 제거해야 함
6	단기성과 창출하기	단기적 성과의 필요성을 인지하지 못한 경우	변화과정에 피곤함을 느끼게 됨(형식적으로 진행)
7	변화 지속가능성 확보하기	조기에 성공적 변화에 도취한 경우	성공의 분위기를 변화관리의 장기적 과제와 연계되도록 관리가 필요
8	새로운 제도의 정착	변화가 지속성을 지니지 못한 경우	일시적인 변화활동의 경험만으로 기억됨(과거로의 회귀)

출처 : 김병섭 외(2009:533) 내용 수정.

제 2 절 저항관리

1. 저항 원인

조직은 변화하는 환경에 적응하기 위해 항상 무엇인가를 변화시켜야 하는 필연성을 지닌다. 이는 조직이 환경에 노출되어 있고, 항상 환경변화의 대상이 되기 때문이다. 이렇듯 조직과 환경은 항상 적합성을 지녀야 하지만, 조직 내 구성원들의 생각이나 의지는 늘 같은 방향을 지니지 않는다. 이는 조직운영자와 조직 내 구성원의 시각이나 의식 차에 기인한다. 따라서 저항이란 변화에 의해서 발생되는 좌절이나 불안에 대한 방어기제이거나, 자신의 윤리적 기준에 부합하지 않기 때문에 더 나은 성과를 위해 취하는 의도적 행위라고 정의할 수 있다(김병섭, 2009:543).

일반적으로 저항은 변화의 방향이 개인의 판단과 불일치 할 때 발생되는 것이며 저항 원인은 개인, 집단, 조직수준의 유형으로 구별되며, 원인을 살펴보면 다음과 같다.

첫째, 개인단위의 저항이다. 주로 인지적 편차(cognitive biases)이다. 사람마다 환경을 바라보고 이해하는 관점 차가 원인이 된다. 이 외에도 개인적인 불확실성과 불안감, 환경에 대한 선택적 지각 등이 있다.

둘째, 집단단위의 저항이다. 집단 내 규범이나 집단 응집력, 집단사고 등이 원인이 된다. 특히 집단 응집력(group cohesiveness)의 경우 응집력이 높을수록 집단의 협력이나 성과가 촉진되지만, 반대로 집단과 환경의 방향이 불일치하면 오히려 변화를 막는 방파제 구실을 하기도 한다.

셋째, 조직단위의 저항이다. 변화에 적응하기 위한 조직개편이나 전략수정, 제도나 규범의 개폐 등은 저항원인이 되며, 조직문화도 저항원인이 된다. 특히 조직문화는 구성원들의 가치를 표현하는 지표인데, 조직문화를 통해 보수적 공감대가 형성된다면 변화는 사실상 실패하기가 쉽다. 대부분 조직들이 변화를 시도할 경우 가장 어려운 영역 중 하나를 조직문화로 제시하는 이유는 조직구성원의 가치관 및 의식부분이 변화하기가 가장 어렵기 때문이다.

2. 저항관리 전략

조직변화를 시도하는 과정에서 발생되는 저항에 대하여 조직상층부나 변화관리자들은 조직구성원이 의도된 변화를 수용하도록 다양한 전략과 수단을 사용한다. 이때 사용하는 전략은 강압적 집행 전략, 설득적 합리성 전략, 규범적 재교육 전략으로 나뉜다(Schermerhorn & hunt & Osborn, 1985).

1) 강압적 집행 전략(force-coercion)

변화를 시행할 계획안을 수립하고 변화를 담당한 집단이 자신의 지위권한을 이용하여 변화대상들에게 특별한 보상을 제시하거나 또는 처벌의 위협을 통해 변화를 수용하도록 하여 저항을 극복하는 방법이다. 이 방법은 변화를 추구하기 위하여 일방적으로 “명령적” 행위를 통해 진행되며 대상자들은 처벌의 두려움이나 보상의 기대심리를 고려해서 행동하도록 고안된 방식이다. 대표적인 수단으로는 상사의 명령, 물리적 제재, 신분상의 불이익, 협조할 경우 보상, 의도적인 긴장 분위기 조성 등이 있다. 이 전략과 수단은 일시적으로 효과가 있고, 주도자가 합법적 권위를 지니고 처벌과 보상의 원칙을 유지하는 한 지속되지만 바람직스럽지 못한 전략으로 평가된다. 그 이유는 변화성공의 가장 중요한 요소 중 하나는 구성원의 자발적 참여인데, 본 전략은 일방적인 관계에 의해 결정되기 때문이다.

2) 설득적 합리성 전략(Empirical-rational)

변화과정에서 발생되는 이해관계에 대한 보상을 제시함으로써 저항을 극복하는 방법이다. 변화주도자가 제시하는 변화전략이 비용대비 이익 측면에서 현재보다 매우 유리하다는 점을 변화 참여자에게 강조함으로써 변화가 성공되면 구성원들은 현재보다 개선되거나 유리한 상황이나 조건을 지니게 될 것이라는 기대감과 확신을 갖도록 설득하여 변화에 참여하도록 유도한다. 대표적인 수단으로는 변화대상자들이 금전적, 심리적, 제도적으로 경제적 이익을 갖는 활동들이 이에 해당된다. 이 전략과 수단은 강압적 전략보다는 오랜 시간 구성원의 지지를 받을 수 있으며 지속적으로 유지하는데 도움이 된다. 그러나 변화과정의 자발적 참여라는 부분에서는 강압적 집행전략과 동일한 한계를 지니고 있다.

3) 규범적 재교육 전략(Normative-reeducative)

변화대상자들의 저항을 심리적으로 설득하여 변화과정에 자발적으로 참여하고 협조하도록 자연스럽게 순응하는 방법으로 저항을 극복하는 방식이다. 이 전략은 개인적 가치, 집단 규범, 조직문화 등 성공적 변화의 기초적 요인들을 관리하는 것에 초점을 두기 때문에 저항관리의 이상적 전략으로 제시된다. 변화의 필요성을 홍보하고 참여할 수 있는 다양한 채널들을 확보하며 변화과정에서 발생되는 두려움이나 불만 등에 대하여 상담이나 심리적 치료 등을 제공하고 개인적 판단을 존중하며 제도적 지원 등을 제시하는 것이 대표적 수단이다. 그러나 일정수준에 오르기까지 시간과 노력이 필요하다는 것이 한계이다.

3. 저항을 극복하는 방법

저항을 극복하기 위한 전략과 수단들을 다양하지만, 요구되는 상황들과 선택에 따른 장·단점들을 여섯 가지로 나누어 살펴보자(Kotter & Schlesinger, 1979).

1) 교육과 의사소통

변화에 대하여 구성원들에게 사전에 교육을 시키고 변화의 필연성과 당위성을 고취시키기 위한 목적으로 활동하는 방식이다. 이 경우는 정보가 부족하거나 악성루머가 발생되는 경우에 효과적인 방법이며, 구성원의 참여를 유도하고 분위기를 조성하는데 도움이 되지만, 반대로 많은 시간이 소요되어 비용이 증가하는 것이 단점이다.

2) 참여와 개입

구성원들에게 변화과정에 참여하도록 아이디어를 수용하거나 의견을 유도하거나 변화를 주도하는 기구에서 활동하도록 하는 방식이다. 변화와 관련된 정보가 부족하거나 또는 변화주도집단의 능력이 부족한 경우에 효과적인 방법이며, 구성원의 지지를 받거나 필요한 정보를 얻을 수 있다는 것이 장점이지만, 반대로 참여자들이 형식적이거나 부적절한 행동을 할 경우 오히려 많은 시간이 소요되는 단점이 존재한다.

3) 촉진과 후원

변화의 어려움을 극복하기 위하여 변화주도집단이 구성원들에게 대화나 교육지원, 심리적 상담 등의 사회정서적(socioemotional) 지원을 하는 방식이다. 이 경우는 변화수용과정에서 심리적 저항이 발생되거나 적응을 하지 못하는 집단이나 구성원이 발생될 때 효과적이다. 구성원의 적응을 유도하는 적절한 수단이지만, 반대로 많은 시간이 소요되거나 심리적 요인 때문에 실패할 가능성이 높다는 것이 단점이다.

4) 협상과 동의

잠재적이든 또는 외견적이든 저항하는 집단에 대하여 인센티브를 제공하고 변화가 진행되는 상황은 불가피한 것임을 확신하도록 주지시키는데 효과적인 방식이다. 이 경우는 짧은 시간 내에 효과를 볼 수 있지만, 반대로 협상이 어려울 경우 비용이 증가되는 단점이 있다.

5) 조작

구성원들에게 심리적 혼란을 유도하고 순응하도록 의도적으로 자원을 배분하거나 정보를 독점, 편파적으로 운영하는 방식이다. 다른 전략들이 효과를 내지 못하거나 또는 활동비용이 많이 들어갈 경우 신속하게 해결하기 위한 목적으로 활용된다. 그러나 이 과정에서 조작되었다고 느끼거나 부당한 의도로 사용되었다면 오히려 상당한 치유비용이 들게 되는 위험요인을 지니고 있다.

6) 의도적인 강압적 압박

빠른 해결을 요구하거나 또는 변화주도집단의 권력이 강한 경우에 활용되는 방식이다. 변화를 받아들이도록 일종의 강압적 힘을 사용하는데 이 경우 빠른 결과를 볼 수 있는 것이 장점이지만, 반대로 지나친 강압적 행위는 오히려 극심한 저항을 유도하는 계기가 되기도 한다.

가장 이상적인 저항관리는 변화에 대한 저항을 당연한 현상으로 받아들이고 이를 치유하기 위해 변화를 주도하는 집단과 대상자 집단 간에 이해와 협력을 바탕으로 같이 참여하는 방식을 확보하는 것이다.

제 5 장

환경과 사회복지조직의 변화

제 1 절 사회복지조직의 환경

사회복지조직도 환경과 상호교류하면서 영향을 받는다. 특히 사회복지조직의 경우 휴먼서비스를 제공하기 때문에 일반조직과 다르게 독특한 환경과의 관계를 지닌다. 서비스를 제공받는 클라이언트가 불완전한 속성을 지니고 있으며 문제해결을 위해 사용하는 기술이 불확실성을 내포하고 있고, 조직운영을 위해 필요한 자원이 안정적인 조건을 지니고 있지 못하다. 그럼에도 불구하고 사회복지조직은 다양하고 복잡한 이해관계를 가진 집단들이 일종의 느슨한 연합(coalition)형태를 이루고 있는 것이 특징이다(김영종, 2007:488).

사회복지조직을 둘러싼 환경은 크게 두 가지로 나눠는데, 외부환경의 의존성과 역동적인 환경이다.

1. 외부환경의 의존성

사회복지조직의 클라이언트는 경제적 측면에서 자발적으로 자신의 문제를 해결하는데 한계를 지닌 경우가 많다. 특히 자신이 서비스를 받게 되면 이에 대한 경제적 지불을 할 수 있는 가능성이 낮기 때문에 외부환경으로부터 지원과 관심을 확보하지 못하면 사회복지조직이 필요로 하는 서비스 자원을 확보하는데 실패 할 확률이 다른 조직보다 높다. 따라서 클라이언트가 선택적 능력을 지니지 못하고 서비스 제공자의 선택에 의해 자신의 문제를 해결하는 필수적 클라이언트의 경우가 많을수록 외부환경 의존도는 높아진다.

2. 역동적인 환경

사회복지조직을 둘러싼 환경속성은 매우 유동적이다. 조직을 둘러싼 환경요인들은 단순히 그 자체로서 조직에 영향을 미치는 것이 아니라 상호간에 영향을 미치면서 사회복지조직에 복합적으로 영향을 미친다.

예를 들어 사회복지영역에서는 경제적으로 불황이 오면 불황여파는 사회복지에 대한 재정적 지원을 줄이게 되며 급격하게 지원역할을 수행하는 클라이언트의 활동을 위축시키며 시장의 분위기가 급격하게 냉각되고 복지예산과 지원이 감소하여 사회복지조직 활동에 위축을 가져오게 된다. 이는 사회복지조직의 경우에는 외부환경에 대한 의존성이 높기 때문에 경제적 불황은 조직에 대한 압력으로 작용하게 되고 타 조직에 비해 빠르게 직접적으로 영향을 받게 된다.

제 2 절 사회복지조직의 변화

1. 변화 필요성

사회복지조직은 외부환경의 의존성이 높고 역동적인 환경특성을 지니고 있어 불확실성이 증가되고 있다. 이에 따라 사회복지조직은 변화 압력에 능동적으로 대응해야 하는 필연성을 지니고 있는데 사회복지조직에 요구하는 압력요인을 살펴보면 다음과 같다.

첫째, 보다 효율적인 서비스 전달체계를 구비할 것과 개선할 것을 이해관계자들이 요구하고 있다. 다양한 이해관계자들은 각기 다른 관점에서 사회복지조직의 기능과 서비스를 평가한다. 이때 사회복지 영역의 주체 중 하나인 정부나 또는 클라이언트나 클라이언트의 가족들은 자신의 입장에서 사회복지서비스에 대한 불만을 제시하고 있으며, 자원을 제공하는 납세자나 지역주민들도 관심을 가지고 개선을 요구하는 상황이다. 특히 사회복지의 역할과 책임성을 스스로 강화할 것을 요구하고 있다.

둘째, 사회복지 수요 팽창에 따라 공급하는 복지서비스 품질에 불만을 지닌 집단들에 의해서 복지서비스의 민영화 전환 및 확대, 복지예산의 삭감, 빈곤의 증가와 사회불안에 대한 해결책 등을 요구하고 있다. 현대행정이 복지국가를 표방하면서 복지행정영역이 확대되고 예산도 증액되며 복지서비스 공급을 확대했지만 복지수요에 따르지 못하는 까닭에 복지서비스에 대하여 불만이 증가하고 있으며 변화를 요구하는 상황으로 전개되고 있다.

셋째, 복지수요 변화에 효과적으로 대응하지 못하는 조직시스템과 복지서비스에 대한 변화를 요구하고 있다. 복지서비스를 제공하는 조직의 환경조건은 역동적이며 외부환경에 대한 의존성이 높아지고 있지만, 반대로 서비스를 제공하는 조직에서는 기계적 조직구조를 지니고 있고 공급자적 시각에서만 변화를 시도하려는 관행이 존재하여 이에 대한 불만이 증가되고 있다. 특히 복지서비스에 대한 다원적 관리를 하지 못하고 있다.

2. 해결과제

Hasenfeld(1985:325-326)는 인간봉사조직이 변화에 저항하는 이유를 다음과 같이 제시하고 있다. 첫째, 관료제체제를 통해 현재 상태를 강력하게 유지하려는 세력이 존재하기 때문이다. 둘째, 클라이언트들이 지닌 영향력이 약해서 상대를 변화시킬 자극 역할을 하지 못하기 때문이다. 셋째, 조직이 관료제화될수록 유연성이 떨어져서 변화를 시도하는 데는 많은 비용이 들어간다. 넷째, 조직에서 일하는 사람들은 개인의 이익을 추구하는 성향이 있기 때문이라고 지적하고 있다.

사회복지조직이 존재를 인정받기 위해서는 환경과의 관계를 포함하여 사회복지행정만이 지닌 특성을 충분히 인정받도록 노력해야 한다. 즉 사회복지행정 서비스가 휴먼서비스에 기반을 두고 있으며, 그 기반에 기초하여 서비스를 전달하는 조직운영체계에 대한 개선과 변화가 있어야 한다. 특히 사회복지서비스의 독특함을 창출하고, 변화되는 상황에 대응할 수 있는 독자적인 지식과 기술이 개발해야 하며, 사회복지만이 지닌 목적과 가치를 실현하기에 적절한 조직관리 시스템을 발전시켜야 한다.

향후 사회복지조직이 해결해야 할 과제들을 인간, 조직, 환경 측면으로 나누어 구별하였다(김영종, 2007:103-105).

1) 서비스 제공방식의 변화

사회복지서비스가 인간을 대상으로 인간에 대한 직접적인 서비스를 제공하는 것이기 때문에 인간적인 요소는 사회복지조직이 지닌 특수한 부분이다. 서비스 결과물인 인간에 대한 유지나 변화는 사회복지행정의 존재가치를 결정짓는 요소이다. 따라서 인간에 대한 존재성, 가치, 도덕성, 휴먼서비스에 대한 전체성과 개별성의 구별과 조화, 인간에 대한 존중과 인정 등 인간적 요소에 대한 변화가 필요하다.

예를 들어 사회가 점차 몰가치적이며 인간성을 비하하는 성향으로 이전되고 있는 상황 속에서 인간에 대한 가치와 도덕성은 어떻게 확보할 수 있는지, 그리고 인간의 욕구를 만족시켜야 하는 패러다임 속에서 전체적 관점에서 인식해야 하는 서비스 제공방식과 개별화된 클라이언트의 욕구해결을 위한 서비스 제공방식은 어떤 방식으로 운영해야 하는지에 대한 논의가 보다 구체적으로 제시되어야 할 것이다.

사회복지행정은 관료제적 방식으로 운영되는 것이 아니라 휴머니즘에 기초한 가치지향적 방식으로 서비스가 제공되어야 하며, 표준화되고 통일화된 업무절차가 아니라 클라이언트의 속성을 개별적으로 이해하면서도 전체적인 특성을 포괄적으로 이해할 수 있는 운영방식의 원리가 창출되어야 한다. 특히 도덕적 요소와 윤리적 요소를 강조하면서도 이를 통해 효율적으로 추구하고자 하는 목표가 달성될 수 있는 가능성에 대한 검토가 진행되어야 한다.

2) 사회복지조직구조의 변화

사회복지서비스의 대부분은 서비스를 제공하는 사회복지사나 관련 기관의 구성원과 클라이언트의 직접 대면을 통해 진행된다. 그리고 제공되는 서비스는 전문적이지만 통합적인 성격을 띠고 있다. 이는 개인에게 적용되는 서비스의 특성이 단편적이고 제한된 전문성이 아니라 통합적이며 전체적인 특성을 지닌 포괄적 성격을 띠고 있는 것이다. 따라서 클라이언트와의 관계에서는 서비스를 제공하는 사람들에게 포괄적이며 자율성을 최대한 확보해주는 조직문화와 운영체계가 이루어져야 한다. 즉 조직운영이 타 조직과 다르게 최대한 관료제적 특성이 제거되고 가능한 참여적인 조직문화와 수평적인 조직구조를 확보하는 방향으로 조직구조와 운영체계가 설계되어야 한다는 의미이다. 아울러 업무들을 통합하거나 연계하여 상호간에 의존성을 확보된 상태에서 창조된 서비스가 제공되어야 한다. 복지서비스의 상당 부분은 업무의 전 과정을 거치면서 순차적으로 진행되기 때문에 조직 내 부서 간에 연계성이 확보되지 않고서는 정상적인 서비스 제공이 이루어지기 어렵다. 따라서 개방적인 조직문화와 조직 간에 통합과 연계를 확보한 조직구조를 어떻게 설계하고 운영할 것인가에 초점을 두어야 한다.

3) 환경 대응능력 강화

환경에 대한 의존성을 낮추는 방안과 예측 가능한 환경 통제 능력을 확보하는 것이다. 최근 사회복지행정에서 관리가 중요시되는 이유로, 첫째, 책임성의 시대에 들어와서 자원의 삭감 또는 자원의 희소성에 기초한 효과적인 자원 활용 그리고 조직이 목적하는 것에 대한 성취의 효과성과 효율성이 강조되었기 때문이며, 둘째, 클라이언트 문제의 다양성과 복잡성의 증대 그리고 욕구의 증대와 서비스의 만족에 대한 기대수준의 향상 등으로 인해 사회적 서비스의 효과적인 전달과 서비스의 질을 개선에 대한 압력이 가중되고 있기 때문이다. 이는 시간이 지날수록 사회복지행정을 둘러싼 환경요소들이 급변하며 다면적 가치를 지닌 요소들이 상호간에 갈등적 가치를 제시하고 대립하며 통합을 통해 문제를 해결하는 예측 불가능한 상황을 창출하고 있음을 의미하는 것이다.

향후 사회복지행정은 환경에 대한 대비와 적극적 대응이 중요하게 다루어져야 한다. 특히 환경의 의존성을 낮추기 위해서는 환경요소에 대한 모니터링과 대응책을 항시 검토해야 하며, 환경변화에 대하여 유연하면서도 탄력적인 대응을 검토해야 하며, 다양한 가치들을 통합 운영할 수 있는 패러다임을 형성하는 것이 필요하다.

참고문헌

〈국내문헌〉

강신택(1999). 『사회과학 연구의 논리』. 서울: 박영사.
강용규 외(2005). 『사회복지행정론』. 경기: 공동체.
강욱모 외(2006). 『21세기 사회복지정책』. 서울: 청목출판사.
강윤호(2000). 지방자치와 기초자치단체의 사회복지정책 정향: 시·군·자치구간 비교분석. 「한국행정학보」, 34(1).
김경동(1978). 『현대의 사회학』. 서울: 박영사.
김경우·양승일·강복화(2008). 『사회복지정책론』. 서울: 창지사.
김규정(2002). 『행정학원론』. 서울 : 법문사.
김기태·박병현·최송식(2007). 『사회복지의 이해』. 서울: 박영사.
김병섭·박광국·조경호(2001). 『조직의 이해와 관리』. 서울: 대영문화사,
김병섭·박광국·조경호(2009). 『휴먼조직론』. 서울: 대영문화사,
김석회(1990). 『조직구조론』. 서울: 무역경영사.
김영종(2007). 『사회복지행정』. 서울 : 학지사.
김영평(1991). 『불확실성과 정책의 정당성』. 서울: 고려대학교출판부.
김인수(1999). 『거시조직이론』. 개정판. 서울: 무역경영사.
김태일(1998). 지방자치의 실시가 기초자치단체의 사회복지지출에 미친 영향: 서울시 자치구를 중심으로. 「한국정책학회보」, 7(1).
남기민(2007). 『사회복지정책론』. 서울: 학지사.
류지성(2008). 『정책학』. 서울: 대영출판사.
문영규 외(2008). 『사회복지행정론』. 서울: 청목출판사.
민진(2004). 『조직관리론』. 2판. 서울: 무역경영사.
박경원·김희선(2002). 『조직이론강의』. 서울: 대영문화사.
박내희(1989). 『현대리더십론』. 서울: 법문사.
박내회(1990). 『조직행동론』. 서울: 박영사.
박병현(2004). 『사회복지정책론』. 서울: 현학사.
박연호(1995). 『행정학신론』. 서울 : 박영사.
박연호(2000). 『조직행동론』. 서울: 박영사.
박연호·오세덕(1995). 『현대리더십론』. 서울: 박영사.
박우순(1996). 『조직관리론』. 서울: 법문사.

박우순(1996). 『현대조직론』. 서울: 법문사.
박정호(2001). 『사회복지정책론』. 서울: 학지사.
성규탁 역(1985). 『사회복지행정조직론』. 서울 : 법문사.
성규탁(1993). 『사회복지행정론』. 서울 : 법문사.
송근원 · 김태성(1996). 『사회복지정책론』. 서울: 나남.
신영상(2008). 『조직관리』. 서울: 대영문화사.
신유근(1986). 『조직행위론』. 서울: 다산출판사.
안용식 · 강동식 · 원구환(2007). 『지방행정론』. 서울: 대영문화사.
양창삼(1989). 『최신조직이론』. 서울: 법경사.
양창삼(1994). 『조직이론』. 서울: 박영사.
오석홍(1999). 『조직이론』. 제3판.서울: 박영사.
오석홍 편(1991). 『조직학의 주요 이론』. 서울 경세원.
유종해(1998). 『현대조직관리』. 서울: 법문사.
유 훈(1993). 『정책학원론』. 서울: 법문사.
윤우곤(1989). 『행정행태론』. 서울: 법문사.
윤우곤(1990). 『조직원론』. 서울:법문사.
윤재풍(1985). 『조직학개론』. 서울: 박영사.
이관희(1990). 『신조직경영론』. 서울: 박영사.
이면우(1992). 『W이론을 만들자』. 서울: 지식산업사.
이석환(2006). 공공부문 BSC(Balanced ScoreCard) 적용사례 분석: 부천시의 사례를 중심으로. 「한국행정학보」, 40(1).
이성우(1993). 「행정부의 정책조정 체계의 연구」. 한국행정연구원.
이승종 · 김흥식(1992). 지방자치와 지방정부의 정책정향: 복지 서비스 기능을 중심으로. 「한국행정학보」, 26(2).
이학종(1987). 『전략경영론』. 서울: 박영사.
이학종(1998). 『조직행동론』.서울: 경세원.
임익순 · 소영일(1998). 『경영관리론』. 서울: 박영사.
임창희(2009). 『조직행동』. 4판. 서울: 비엔엠북스.
장인협 역(1984). 『사회복지조직론』. 서울 : 집문당.
장인협·이정호(1993). 『사회복지행정』. 서울 : 서울대학교출판부.
지은구(2005). 『사회복지행정론』. 서울: 청목출판사.
지은구(2007). 『사회복지조직연구』. 서울: 청목출판사.
총무처 직무분석기획단 편(1997). 『신정부혁신론』. 서울: 동명사.
최성재 · 남기민(1993). 『사회복지행정론』. 서울 : 나남출판.
최종태(1985). 『현대조직론』. 서울: 경세원.
최창호 · 정세욱(1989). 『행정학』. 개정판. 서울: 법문사.
최창호(2002). 『새행정학』. 서울 : 삼영사.

최항순(1997). 『행정조직론』. 서울: 동성출판사.
추　헌(1995). 『최신경영조직론』. 서울: 박영사.
한국행정학회 조직학연구회 편(2002). 『정부조직진단』. 서울: 대영문화사.
한덕웅(1985). 『조직행동의 동기이론』. 서울: 법문사.
함성득 · 권기헌 · 임동욱(2000). 『디지털관료키우기』. 서울: 박영사.
홍용기(2000). 『조직론』. 서울:형설출판사.
황성철 외(2003). 『사회복지행정론』. 서울 : 현학사.

〈외국문헌〉

Aldrich, H. E. (1979). *Organizations and Environment.* Englewood Cliffs, N.Y: Jersey: Prentice-Hall, Inc.

Anderson, James E. (1979). *Public Policy Making.* 2nd ed. N.Y:Holt, Renehart and Winston.

Argyris, Chris.(1957). *Personality and Organization.* New York: Harper and Row.

Barnard, Chester I.(1968). *The Function of the Executive.* Cambridge: Harvard University Press.

Bolman, L.& T. Deal.(1984). *Modern Approaches to Understanding and Managing Organizations.* Sanfrancisco, CA: Jossey-Bass.

Cunningham, James V. (1972). Citizen Participation in Public Affairs. *Public Administration Review,* 32.

Daft, R. L.(1998). *Organization Theory and Design.* 3rd ed. St. Paul: West Publishing Company.

Davis. K. & J. W. Newstrom.(1985). *Human Behavior at Work: Organizational Behavior.* 7th ed. N.Y: McGraw-Hill Company.

Downs, Anthony.(1967). *Inside Bureaucracy.* Boston: Little Brown and Company.

Druker, Peter F.(1985). *Time of Great Change.* New York: Truman Talley Books.

Duncan, R. B.(1972). Characteristics of Organizational Environments and Perceived Environmental Uncertainty. *Administrative Science Quarterly,* 17(3).

Etzioni, A.(1961). *A Comparative Analysis of Complex Organizations.* Grencoe: The Free Press.

Etzioni, A.(1964). *Modern organizations.* Englewood Cliffs, N.J : Prentice-Hall.

Fiedler. F. E.(1967). *A Theory of Leadership Effectiveness*. New York: McGraw-Hill Company.

French, W. L. & C. H. Bell, Jr.(1984). *Organization Development*. 3rd ed. Englewood Cliffs, New Jersey: Prentice-Hall, Inc.

Fulmer, R. M.(1988). *The New Management*. 4th ed. N.Y : Macmillan Publishing Co.

Gellerman, W. S.(1963). *Motivation and Productivity*. N.Y: American Management Association.

Gilbert, N. & H. Specht.(1974). *Dimensions of Social Welfare Policy*. Englewood Cliffs, NJ:Prentice-Hall.

Hage, J. & M. Aiken.(1967). Relationship of Centralization to other Structural Properties. *Administrative Science Quarterly*, June.

Hall, R. H. (1991). *Organization: Structure, Process, and Outcomes*. 5th ed. Englewood Cliffs, N.J. : Prentice -Hall.

Hall, R. H. (1992). *Organizations: Structure and process*. 7th ed. Englewood Cliffs, New Jersey: Prentice-Hall. Inc.

Harrison, M. I. & A. Shirom.(1999). *Organizational. Diagnosis and Assessment*. London: Sage Publications, Ltd.

Hasenfeld, Y.(1992). The nature of human service organization. In Hasenfeld, Y. (1992). *Human Service as Complex Organization*. Newburry Park : Sage Publication.

Hersey, P. & K. H. Blanchard. (1982). *Management of Organizational Behavior: Utilizing Human Resources*. N.Y: Prentice-Hall.

Herzberg, Frederick.(1996). *Work and The Nature of Man*. N.Y: World Publishing Company.

Hicks. Herbert G.(1972). *The Management of Organization*. 2nd ed. N.Y: McGraw-Hill.

Hicks, H. G. & C. R. Gullett.(1981). *Management*. 4th ed. N.Y:McGraw-Hill Company.

Hodgkingson, C.(1983). *The Philosophy of Leadership*. New York: St Martin's Press.

Hosking, D. M. & N. Anderson(1992). *Organizational Change and Innovation*. London: Routledge.

Jones, Gareth R.(1995). *Organization Theory: Text and Cases*. New York: Addison-Wesley Publishing Company.

Kast, F. E. & J. E. Rosenzweig.(1979). *Organization and Management*. 3rd ed. Tokyo: McGraw-Hill Company.

Katz, D, & R. L. Kahn.(1966). *The Social Psychology of Organizations.* New York: The Free Press.

Kotter, J. P. & A. Lawrence(1974). *Mayors in Action: Five Approaches to Urban Governance.* New York: John Wiley and Sons, Inc.

Kotter. J. P.& L. A. Scholesinger. (1979). Choosing Strategies for Change. *Harvard Business Review*, 57(1).

Kotter, J. P.(1985). *Power and influence: Beyond Formal Authority.* New York: The Free Press.

Kotter, J.P.(1995). Leading Change : Why Transformation Efforts Fail. *Harvard Business Review*, 73(2).

Lawrence, P. R. & J. W. Lorsch.(1969). *Organizations. and Environment.* Homewood, III.: Richard D. Irwin, Inc.

Lishman, J.(1995). *Communication in Social Work.* London:Macmillan.

Lohmann, R, A . (1992). *The Commons: Perspectives on Nonprofit Organization and Voluntary action.* San francisco: Jossey - Bass.

Lohmann, R. A. & N. Lohmann.(2002). *Social Administration.* New York : Columbia University Press.

Luthan, F.(1973). *Organizational Behavior.* N.Y: McGraw-Hill.

Maslow, A. H.(1970). *Motivation and Personality.* 2nd ed. New York: Happer and Row Publishers.

McClelland, D. D.(1961). *The Archiving Society.* New York: Van Nostrand.

McGregor, Dougllas.(1960). *The Human Side of Enterprise.* New York: McGraw-Hill Company.

Mintzberg, H. (1979). *The Structure of Organization.* Englewood Cliffs, N.Y: Jersey: Prentice-Hall, Inc.

Mintzberg, H. (1983). *Structure in Five: Design Effective Organization.* Englewood Cliffs, N.Y: Jersey: Prentice-Hall, Inc.

Morgan, Gareth(1986). *Images of Organization.* Beverly Hills, CA:Sage Publications.

Nelson, D. L. & J. C. Quick(2000). *Organizational Behavior.* 3rd ed. Taunton, MA:South Western College Publishing.

Osborn, R. N., J. A. Hunt, & L. R. Jaunch(1980). *Organization Theory and Integrated Approach.* New York: John Wiley and Sons, Inc.

Perrow, Chalres.(1972). *Complex Organization: A Critical Essay.* Glenview. Ill.: Scott, Foresman & Company.

Pfeffer, J. & G. R. Salancik.(1978). *The External Control of Organizations.* New York: Harper and Row Publishers.

Pfiffner, J. & G. E. Sherwood.(1960). *Administrative Organization.* Englewood Cliffs, N.J:Prentice-Hall.

Raymond, E. M. & Snow. C. Charles. (1978). *Organization Strategy, Structure, and Process.* N.Y: McGraw-Hill.

Reitz, H. J.(1981). *Behavior in Organization.* 2nd ed. Homewood, III.: Richard D. Irwin, Inc.

Robbins, Stephen P. (1976). *The Administrative Process.* Englewood Cliffs, New Jersey: Prentice-Hall. Inc.

Robbins, Stephen P.(1988). *Management.* 2nd ed. Englewood Cliffs, New Jersey: Prentice-Hall, Inc

Robbins, Stephen P.(1990). *Organizational Theory.* 3rd ed. Englewood Cliffs, New Jersey: Prentice-Hall Inc.

Robey, Daniel & C. A. Sales.(1994). *Designing Organization.* 4th ed. Boston: Richard D. Irwin. Inc.

Schein, E. H.(1980). *Organizational Psychology.* 3rd ed. Englewood Cliffs, N.J. : Prentice-Hall.

Schein, E. H. (1985). *Organizational Culture and Leadership.* San Francisco: Jossey-Gass Publishers.

Schermerhorn, J. R., J. G. Hunt. & R.N.Osborn.(1985). *Managing Organizational Behavior.* N.Y: John Wiley & Sons.

Schneider, B.(1990). *Organizational Climate and Culture.* San Francisco: Jossey-Gass Publishers.

Scott, W. Richard.(1981). *Organizational: Rational, Natural and Open Systems.* Englewood Cliffs, New Jersey: Prentice Hall, Inc.

Sharkansky, Ira.(1973). *Public Administration : Policy Making in Government Agencies.* New York: Rand McNally.

Simon, H. A.(1987). The Proverbs of Administration(1946). in Jay M. Schafritz & Albert C. Hyde, *Classics of Public Administration.* Chicago : The Dorsey Press.

Skidmore, R. A.(1990). *Social Work Administration : Dynamic Management and Human Relationships.* 2nd ed. Englewood Cliffs, N.J. : Prentice-Hall.

Skidmore. R. (1995). *Social Work Administration: dynamic management and human relationships.* Boston: Allyn and Bacon.

Steer, R. M. & L. W. Porter.(1979). *Motivation and Work Behavior.*

New York: McGraw-Hill Company.

Thompson, J. D.(1967). *Organizational in Action.* New Jersey: McGraw-Hill Company.

Vroom, Victor.(1965). *Work and Motivation.* New York: John Wiley and Sons.

Weinbach, M. E.(1990). *Human Services management : Application.* 2nd ed. San Francisco, CA : Wadworth.

Weiner, Bernard.(1980). *Human Motivation.* New York: Holt, Rinehart and Winston.

Wilson, J. Q.(1973). *Political Organization.* N.Y: Basic Books.

Yukl, G. A.(1989). *Leadership in Organizations.* 2nd ed. Englewood Cliffs, N.J. : Prentice-Hall.

찾아보기

〈기타〉

[저자 소개]

• 문영규(文榮奎)

광운대학교 대학원에서 행정학 박사학위를 취득하고, 현재 경복대학교 복지행정과 부교수로 재직하고 있다. 관심분야는 리더십, 조직변화, 서비스 품질과 전달체계이다. 최근 저서로는 『사회복지개론』(공저, 2009), 『사회복지행정론』(공저, 2008)이 있으며, 관련 논문으로는 "행정서비스 질에 영향을 미치는 요인에 관한 연구", "공공조직 구성원의 성격유형에 관한 연구", "행정서비스 품질에 관한 연구" 등이 있다. (ykmoon@kyungbok.ac.kr)

사회복지행정조직론

2017년 8월 20일 중판인쇄
2017년 8월 25일 중판발행

저 자 문 영 규
발행인 유 성 열
발행처
서울특별시 영등포구 신길로 40길 20
전화 (02) 849-6157(代) · 2820
FAX (02) 849-0817
등록 제318-1994-000090호

파본은 바꾸어 드립니다. 값 15,000원

http://www.chongmok.co.kr

ISBN 978-89-5565-315-1